W0314848

Coudre pour la maison

50 projets chic et charme

Éditions marie claire

Coudre pour la maison

50 projets chic et charme

Pour calculer le taux d'agrandissement des schémas et que la barre témoin mesure 5 cm (ou la longueur indiquée) : mesurer la barre, par ex. 1,5 cm, puis faire le calcul suivant : 5/1,5 = 3,33.
Le taux d'agrandissement doit être de 333 %.
Agrandir d'abord à 200 %, taux maxi des photocopieuses.
Pour le 2e agrandissement, faire le calcul suivant : 333/200 = 1,66.
Le pourcentage du 2e agrandissement est de 166 %.
Si le résultat du 1er calcul est inférieur à 2, régler directement la machine sur ce pourcentage.

Sommaire

B
F
J
N
R
V

La couture pratique
de l'idée à la réalisation

Rien n'est plus agréable que de coudre pour sa maison. Personnaliser son intérieur, se retrouver chez soi.
S'asseoir dans un canapé avec de jolis coussins dont on a choisi les tissus avec soin, profiter de ses rideaux. Coudre pour sa chambre des plaids colorés… et puis personnaliser.
Personnaliser ses créations en utilisant de la teinture, de la peinture, en chinant des galons et autre passementerie, en ajoutant des pièces
Vous pourrez préparer la chambre de bébé, coudre des astuces de rangement, améliorer et changer votre intérieur.

Cet ouvrage vous donnera les clés pour CRÉER, COUDRE et PERSONNALISER.
Nous vous proposons des idées à réaliser ainsi que des techniques pour concevoir vos propres créations.

Maintenant, oser.
Oser les mélanges de tissus, oser les mélanges de couleurs, oser créer et coudre un intérieur qui vous ressemble, avec vos matières et vos envies. Souvenez-vous qu'en décoration, rien n'est grave, rien n'est définitif.

Oser (de la couture à la réalisation)
Il n'est pas toujours nécessaire d'être expert dans une matière pour se lancer.
Avec quelques techniques de base, vous pourrez assez facilement coudre un coussin. Du coussin, vous pourrez vous lancer dans une housse de chaise, des rideaux…
Si vous avez sélectionné un textile qui vous plaît, vous pouvez lui apporter de la fantaisie.
Certains apprécieront la simplicité et d'autres voudront y ajouter des touches très personnelles.

Cet ouvrage concilie les techniques de base de couture et les techniques de customisation. Vous pouvez personnaliser toutes les pièces de votre maison : couette, dessus de lit, armoire, rangements pour tous et tous les âges.
Rien ne vous empêche de peindre les rideaux, rien ne vous empêche de teindre les coussins.
Et petit à petit, de technique en technique, d'être chez vous.
Ensuite, vous pourrez offrir. Offrir une de vos créations : une nappe ou un porte-revue. Ce sont des objets qui sortent du cœur et qui n'ont pas de prix.
Offrez des sacs, offrez des sets de table. Ajoutez juste un détail qui vous unit à la personne.
J'ai quelques cadeaux de ce genre chez moi, et croyez-moi, je les aime !

La boîte à couture idéale

Pas besoin de boîtes en plastique sophistiquées avec des compartiments et des petits rangements. Prenez une ou deux boîtes, achetées ou chinées. Dans l'une, glissez tout le matériel et les fournitures dont vous aurez besoin – ciseaux, mètre, épingles – et dans l'autre toutes les bobines de fils et canettes. Certaines d'entre nous vont jusqu'à exposer les bobines, les rubans, les boutons dans des bocaux en verre. Pratiques et déco en même temps !

Je trouve très astucieux de ranger les bobines dans une boîte transparente. Quand il faut trouver la bonne couleur, quel gain de temps !

Il y a plusieurs types de fils, les fils de coton pour coudre les tissus de coton, les fils polyester, très répandus et les fils de soie que l'on réserve aux très beaux ouvrages ou à la broderie pour leurs difficultés d'entretien.

Je conseille les fils de coton, ils tiennent la couleur au lavage et résistent à de très grandes températures de repassage. Achetez 2 grosses bobines, une noire et l'autre blanche. Ce sont des basiques de la couture.

Ensuite, investissez au fur et à mesure dans :

- **Des bobines assorties** à vos tissus. Assortissez toujours les bobines aux tissus. En voulant tricher et utiliser la bobine et la canette déjà installées sur la machine, vous le regretterez. À long terme, cela se voit. Il est d'usage de coudre avec des bobines d'un ton plus foncé que le tissu.
- Une paire de bons **ciseaux de couturière.** Et réservez ces ciseaux à la couture. N'abîmez pas les lames en coupant du carton ou du papier. Il vous faudra une grande paire et une petite paire pour les finitions. Ne laissez personne vous les emprunter !
- **Un découseur,** petit instrument en plastique avec une lame en métal fine et tranchante que l'on insère entre les coutures pour les découdre rapidement.
- **Une boîte d'épingles.** Il en existe de nombreuses variétés. Je conseille toujours à celles qui ont des enfants d'investir dans les épingles avec une tête de couleur. Elles sont plus faciles à ramasser quand elles tombent. Achetez en même temps un **aimant.** Vous gagnerez un temps fou pour les rassembler.
- **Des aiguilles,** longues pour les coutures d'ourlet à la main, plus courtes pour les coutures à faire sur les vêtements.
- **Des craies** ou **un feutre à textile** soluble à l'eau.
- **Un mètre ruban** souple.
- **Une trousse d'écolier** avec des ciseaux à papier, du ruban adhésif, des feutres pour noter les indications des patrons sur votre patron papier.
- **Du papier de patron** pour reproduire les modèles à votre taille.

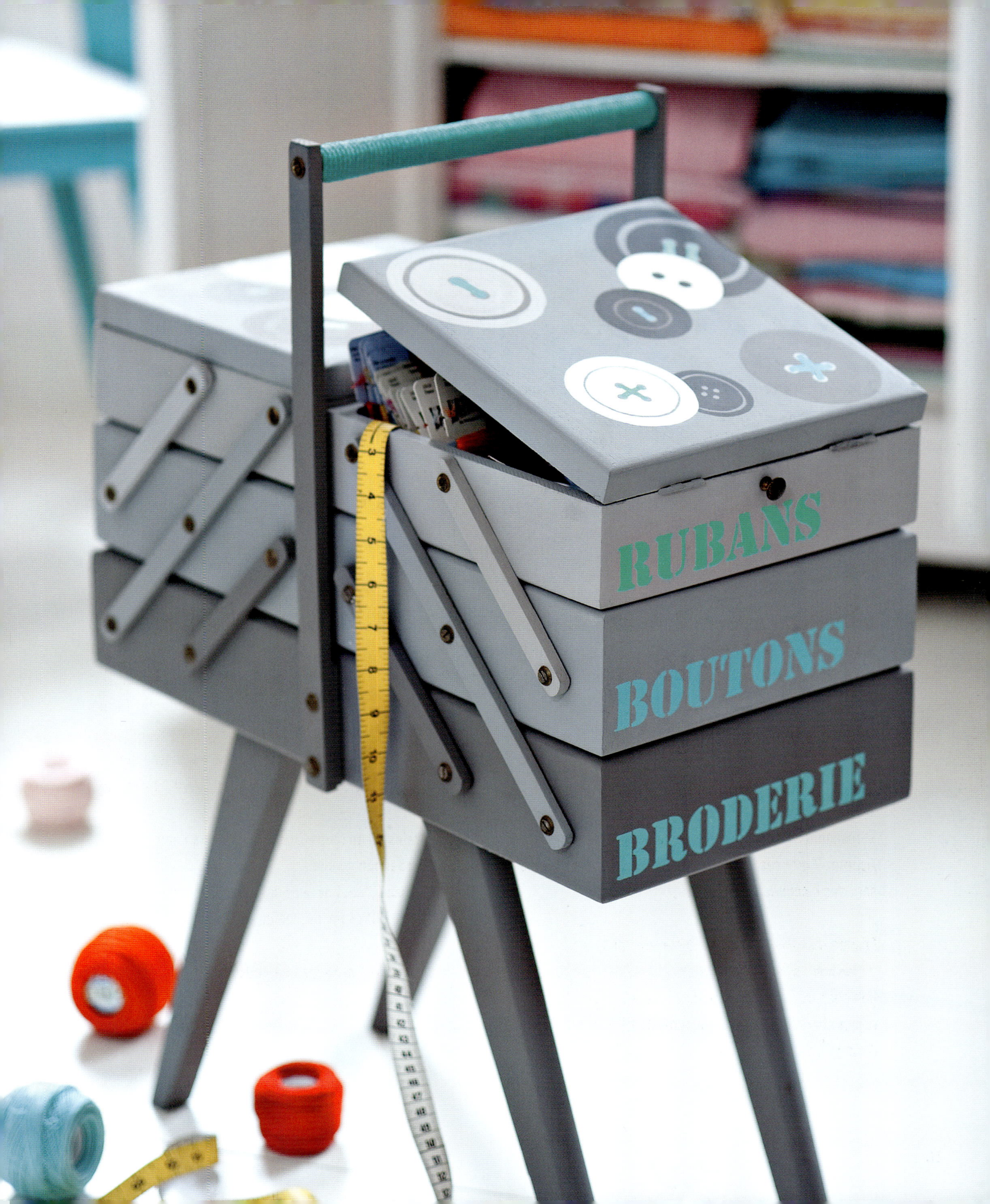
RUBANS
BOUTONS
BRODERIE

SINGER
Experience160

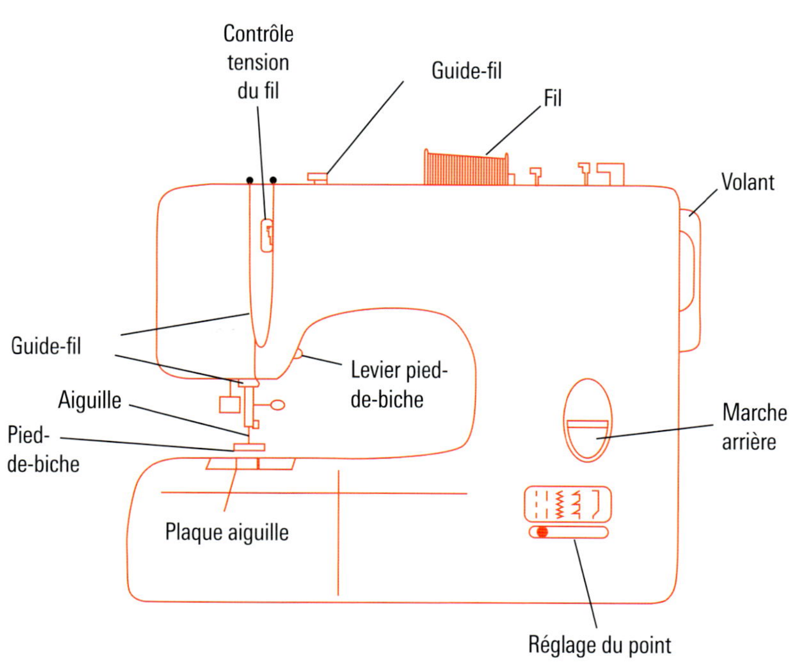
Contrôle tension du fil
Guide-fil
Fil
Volant
Guide-fil
Levier pied-de-biche
Aiguille
Pied-de-biche
Marche arrière
Plaque aiguille
Réglage du point

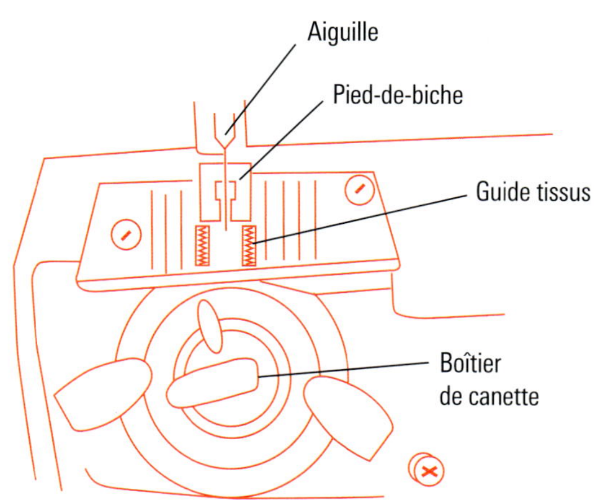
Aiguille
Pied-de-biche
Guide tissus
Boîtier de canette

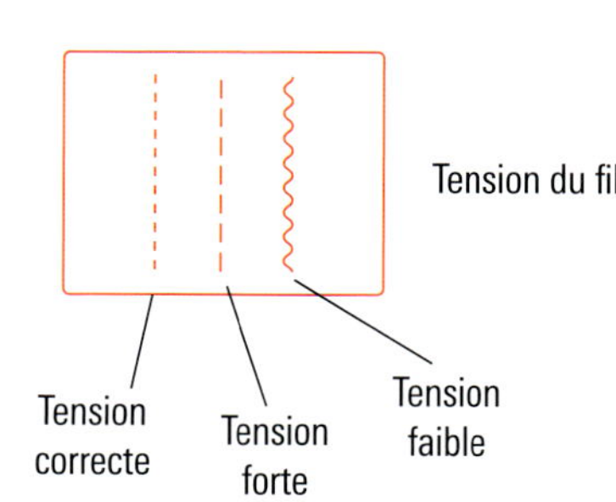
Tension du fil
Tension correcte
Tension forte
Tension faible

La machine à coudre, principes de base

Inutile d'investir dans une machine trop complexe. Ce que vous voulez, c'est coudre. Une machine basique avec point avant, point arrière, zigzag et boutonnière vous suffit.

Familiarisez-vous avec votre machine. Les fabricants et vendeurs proposent souvent des cours. Vous apprendrez sur votre modèle. Ces cours sont parfois très utiles lorsqu'on débute. La machine à coudre est un outil dont il faut apprendre à se servir. Prenez du temps au début, essayez les points.

Une des grandes subtilités de la machine à coudre est qu'elle coud par assemblage de 2 fils :

Le fil supérieur, issu directement de la bobine, et le fil de la canette.

Il est impératif de coudre avec le même fil sur la bobine et dans la canette. Sinon vous n'arriverez pas à régler la tension du fil et obtenir un point régulier.

Entraînez-vous à enfiler le fil dans le levier de tension jusqu'à l'aiguille. Il est important de respecter tous les passages dans les guide-fils.

Quelques accessoires bien utiles

En même temps que la machine, achetez un pied-de-biche pour les fermetures à glissière et un pied-de-biche pour les petits ourlets. Vous n'aurez plus à chercher les bonnes références : vous les aurez.

Ayez toujours à portée de main des aiguilles de rechanges d'avance. Il arrive que les aiguilles cassent, surtout lorsqu'on pique rapidement des tissus épais. Et c'est terriblement agaçant de ne pas avoir d'aiguilles de rechange sous la main.

Préparez des canettes d'avance

Achetez plusieurs canettes d'avance. Elles ne sont pas chères, et vous verrez, cela vous sera utile. Gardez toutes les canettes après utilisation. Rangez-les dans des bocaux transparents, ce sera joli et pratique. Je fais toujours plusieurs canettes de blanc et de noir. Cela évite d'arrêter une couture pour en refaire une.

Entretenez la machine

Entretenez la machine à coudre en l'ouvrant. Plusieurs plaques amovibles sont équipées de grosses vis. Ouvrez les plaques, et avec les petites balayettes, enlevez les particules de tissus. Celles-ci s'accumulent et bloquent la machine à la longue.

Ajoutez un peu d'huile régulièrement. Mais, attention, en toutes petites quantités, sinon vous risquez de graisser votre ouvrage. Après avoir graissé les rouages, attendez un peu puis essuyez avec un chiffon sec pour retirer l'excédent d'huile. Piquez ensuite sur un chiffon pour bien essuyer le pied-de-biche.

Choisir ses tissus

Le tissu que vous choisirez devra répondre à 2 critères :

- **Un critère de matière :** certaines matières sont plutôt réservées à l'habillement, comme les cotonnades, d'autres plus épaisses pour l'ameublement ou les sacs. Ce sont souvent des critères de douceur et de résistance. Mais en matière de déco, rien ne vous interdit de doubler un sac ou une housse d'une cotonnade.
- **Un critère de goût :** les couleurs et les motifs, ça ne se discute pas.

Si vous avez besoin d'assembler différents tissus, pensez à assortir des matières identiques. Les coutures peuvent facilement lâcher, si vous assemblez une toile épaisse avec de la soie par exemple.

Les différents tissus

- **Les cotons.** Les tissus en coton sont très répandus. Ils sont faciles d'entretien et faciles à coudre. Certains, très fins, sont utilisés pour coudre des vêtements légers. Dans la maison, on les retrouve partout : les nappes, les serviettes, le linge de lit, les rangements, les sacs... L'indispensable coton !

Le coton est une matière naturelle, facile à entretenir et à travailler.

Le coton peut être fin ou plus épais selon la taille des fibres tissées. Il existe beaucoup de façons de tisser le coton, ce qui fait que c'est un tissu que vous pourrez trouver sous beaucoup de formes différentes, de la mousseline au coton gaufré, en passant par le Liberty (notre chouchou) ou le jean.

Quand vous travaillez du tissu en coton, ayez toujours un fer à repasser à portée de main. Entre chaque couture, donnez un petit coup de fer tiède pour maintenir le textile, ouvrir les coutures ou marquer un ourlet.

Cela paraît fastidieux au début, mais je vous assure que vous y gagnerez en confort de travail et en qualité. Vous ne le regretterez pas !

Le coton peut être associé à du lin, de la soie, de la laine ou du synthétique.

D'autres cotons sont plus épais. On les utilise pour les vestes et certaines pièces d'ameublement.

• **Les lainages** pour les vestes, manteaux mais aussi les couvertures de canapé, de la flanelle à la laine peignée, en passant par le cachemire, le mohair ou le tweed : les variétés, là aussi, ne manquent pas.

• **Le lin et la soie** sont utilisés dans les vêtements et l'ameublement. On les retrouve beaucoup dans les rideaux. Ils se froissent malheureusement très vite. Ce sont les meilleurs amis du fer à repasser !

• **Les doublures,** en polyester ou acrylique. Je vous conseille de les acheter anti-statiques, c'est beaucoup plus agréable à travailler !

• **Les nouvelles matières,** comme le polaire, sont très pratiques pour les coussins tout doux, les plaids de bébé et les vêtements d'enfants. Ils ne nécessitent pas de surfilage et permettent de créer des appliqués facilement. Ils sèchent rapidement.

Et puis il y a les cuirs, les faux cuirs, la fourrure, la fausse fourrure, le Lurex, le tulle… l'embarras du choix. Quel luxe !

Entretenir ses tissus

Le premier conseil que je donnerais est un conseil de bon sens : lisez l'étiquette !

Certains tissus dits « grand teint » supportent des lavages à températures élevées. D'autres, petits cotons bon marché, risquent de déteindre. En cas de doute ou de mélange, j'ajoute toujours à ma lessive une lingette anti-décoloration.

Les tissus blancs, surtout s'il s'agit de coton, supportent un lavage à 90 °. Ajoutez un peu de poudre pour garder l'éclat du blanc : vos voilages seront plus lumineux.

Les tissus colorés

Avec les textiles de couleur, méfiance, surtout pour les textiles teints à la maison. Si vous les avez teints avec un cycle à 60 °, ne les lavez pas à plus de 40 °, sinon la teinture partira. D'où l'intérêt de teindre à des températures élevées.

Beaucoup de tissus, une fois cousus, se lavent sur l'envers pour éviter les grandes traces blanches. Cela est très connu pour les tissus en jean.

La coupe

Les tissus (exceptés les polaires et nouvelles matières faites à base de produits recyclés) sont composés de fils verticaux (fils de chaîne) et fils horizontaux (fils de trame). Cela correspond au tissage du tissu.

La lisière des tissus est parallèle aux fils de chaîne. C'est ce que l'on appelle « le droit fil ».

Beaucoup de patrons d'habillement comporte une ligne qu'il faut disposer parallèlement au droit fil. Cela évite que les tissus, après couture, ne se déforment ou que votre ouvrage ne tienne pas.

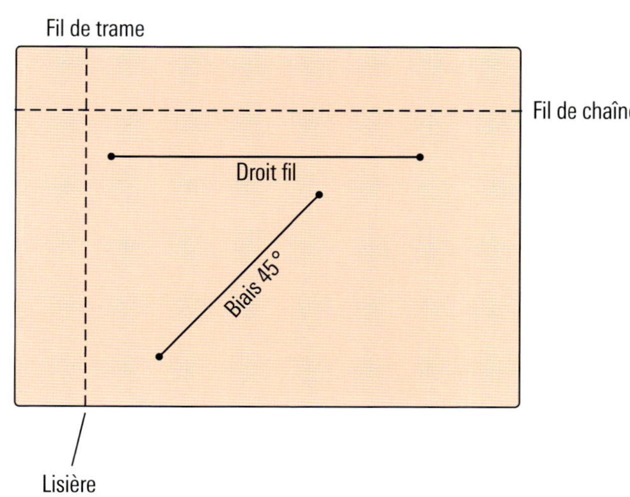

À l'inverse, quand vous voulez gagner en souplesse – notamment lorsque vous faites vos rubans et galons –, il faut couper le tissu en biais, à 45 ° par rapport aux fils de trame et chaîne. Attention, Il faut prendre en compte les motifs ou les rayures pour d'éventuels raccords. Il vous faudra alors plus de tissu. Pensez-y lors de l'achat, notamment pour les rideaux.

Les tissus existent en plusieurs largeurs, 90 cm ou 110 cm de large pour les cotons anglais comme les Liberty.
140 ou 150 cm est la largeur la plus commune, 240 cm pour les tissus d'ameublement dits « grande largeur », très pratiques en ameublement.

Les coussins

Je fais un coussin ou un plaid

Coudre un simple coussin est en général le premier ouvrage que l'on réalise.
Le principe est de couper, dans du tissu, 2 formes identiques – en général, 2 carrés ou 2 rectangles.
Il est important de couper proprement et régulièrement les 2 pièces. Lors de la couture machine, vous prendrez les bords comme repère.

- Poser les 2 pièces, endroit contre endroit.

Le terme endroit contre endroit revient constamment en couture. Cela signifie que l'on va assembler puis coudre les 2 pièces avec l'envers sur le dessus. Les coutures étant cachées, il va falloir retourner l'ouvrage pour cacher les coutures et faire apparaître l'endroit.

- Assembler les pièces. Il faut les épingler, en posant les épingles perpendiculairement à la lisière des tissus.

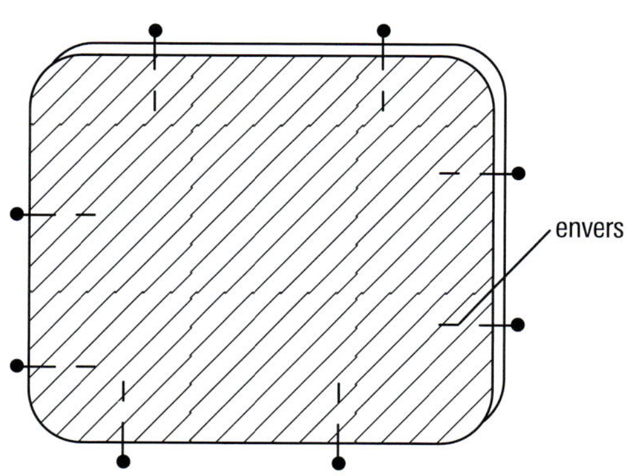

Pose des épingles

- Bâtir les pièces. Coudre les 2 pièces avec un fil et une aiguille, à gros points. Retirer les épingles.

Je conseille aux débutantes de passer par l'étape du bâti. Cela évite de coincer les épingles dans la machine à coudre : c'est toujours embêtant.

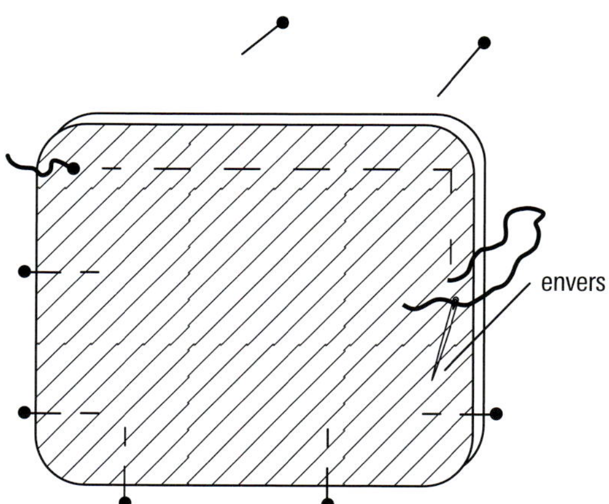

Bâtir

- Coudre à la machine en suivant le bord. Laisser 10 cm non cousus.
- Cranter les angles. Cela veut dire couper en biais les angles : cela permet d'éviter la surépaisseur des tissus dans les angles.
- Retourner le coussin sur l'endroit par l'ouverture.
- Rembourrer avec du molleton.

Il existe des molletons en coton, d'autres en synthétique. Le coton est plus doux, mais sera plus long au séchage.

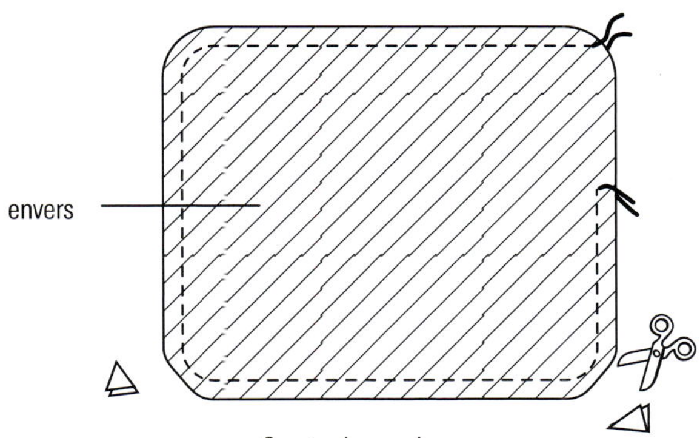

Cranter les angles

• Rembourrer selon votre goût. Plus vous mettrez de molleton, plus le coussin sera épais.

• Fermer l'ouverture.

Rabattre le bord de l'ouverture vers l'intérieur. Maintenir avec une épingle. Coudre à petits points.

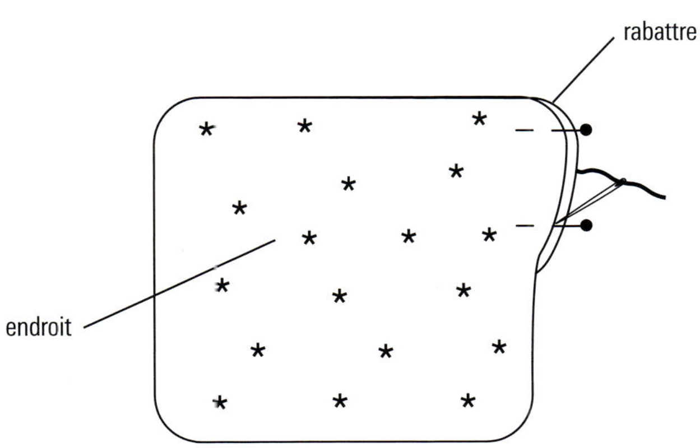

Fermer l'ouverture à petits points invisibles

• Pour coudre un plaid, faire exactement la même chose avec 2 carrés ou rectangles de plus grande taille.

• Acheter du molleton. Couper 1 ou 2 épaisseurs de mêmes longueur et largeur que les tissus – 2 cm.

• Glisser le molleton à l'intérieur du plaid et fermer.

Faites des plaids et des coussins de toutes les tailles et de toutes les couleurs. Dispersez-les dans toute la maison…

Point sur...
les broderies

La broderie est un vrai bonheur. Toutes ces échevettes et ces bobines de couleur, quelle merveille ! Un rêve de petite fille. Très vite, vous obtiendrez des résultats.
Vous pouvez ajouter des broderies sur beaucoup de supports, et vous avez l'embarras du choix pour les réaliser.
Commencez à vous familiariser avec les plus courants. La broderie est un coup de main. Vous verrez, vous allez aimer !

Commencer par broder des motifs au **point avant.** C'est le plus simple et le plus rapide des points. Il est assez vite spectaculaire. Dessiner ou reproduire un motif sur un textile avec un feutre soluble à l'eau. Broder sur le dessin au point avant.
Vous pourrez ainsi personnaliser coussin ou nappe, en l'utilisant pour écrire messages et slogans.
Ensuite, essayer le traditionnel **point de tige.**

Ajouter des broderies au **point de croix :**

- Sur des toiles, type toile de lin où l'on discerne facilement les fils de trame et de chaîne, il est facile de broder en croix. Pour cela, prendre un modèle de broderie au point de croix. Broder selon l'épaisseur de la toile avec 1 ou 2 fils. Compter les fils du tissu comme s'il s'agissait d'une toile à broder. Vous pouvez ajouter de jolis motifs enfantins pour faire un cadeau de naissance. Vous pouvez aussi ajouter des motifs décalés ou des motifs qui vous ressemblent.
- Si le tissage du tissu ne vous permet pas de l'utiliser, il existe des toiles spéciales, certaines même solubles dans l'eau, pour broder au point de croix. Poser la toile sur le tissu. Bâtir la toile sur le tissu. Broder au point compté en serrant bien les points. Ensuite, tirer les fils de la toile pour les retirer.

Ajouter des broderies au **point lancé :**

- Dessiner un chiffre au feutre soluble à l'eau. Broder au point lancé avec 2 fils de coton. Si vous voulez une broderie plus épaisse, utiliser 3 fils.
- Si vous voulez broder sur un lainage, quel que soit le point de broderie utilisé, broder avec de la laine et une aiguille à bout rond.
- Pour broder des lainages ou des polaires, prendre de la laine et broder le contour au **point de feston.**
- Vous pouvez aussi varier les plaisirs en changeant les fils à broder par des rubans de soie.

Le ruban de soie est vendu en mercerie. Il se brode à plat avec une aiguille à large chas et donne souvent des résultats étonnants.

- Vous pouvez ajouter à votre broderie des petites fantaisies : des sequins, des perles ou des boutons.

Pour broder des perles, il faut une aiguille très fine. Vérifier que l'aiguille passe par le trou de la perle ! Lors de la broderie, lorsque vous sortez l'aiguille, passer l'aiguille dans une perle et repiquer l'aiguille dans le tissu.

- Les sequins se cousent souvent au point arrière.

Néanmoins, pour vous faciliter la vie, vous pouvez acheter des galons de sequins à coudre, c'est beaucoup plus rapide ! Vous pouvez nouer quelques galons pour donner du volume.

1

2

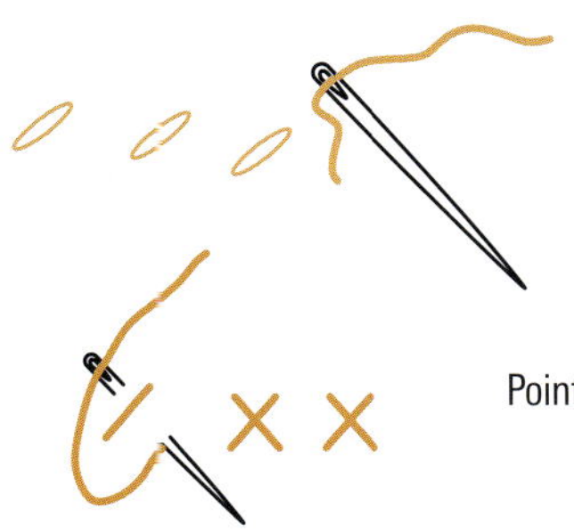

Point de croix

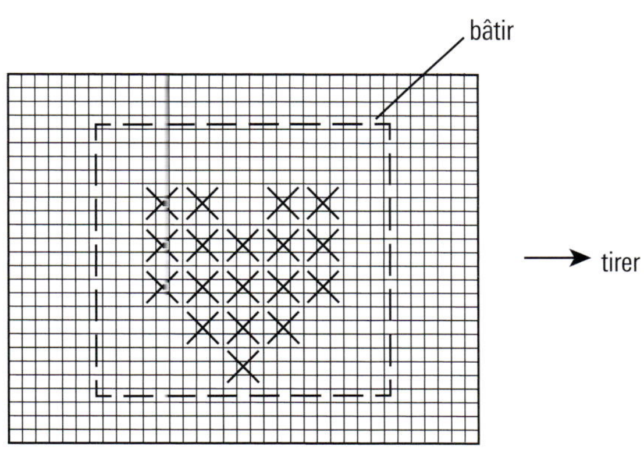

Broderie sur toile

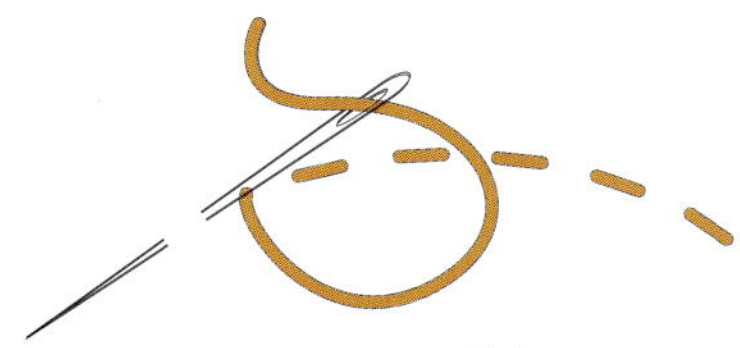

Point avant

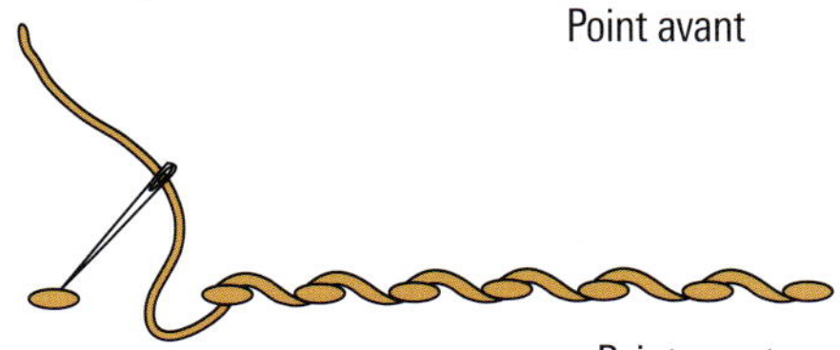

Point avant
surjeté (rebrodé)

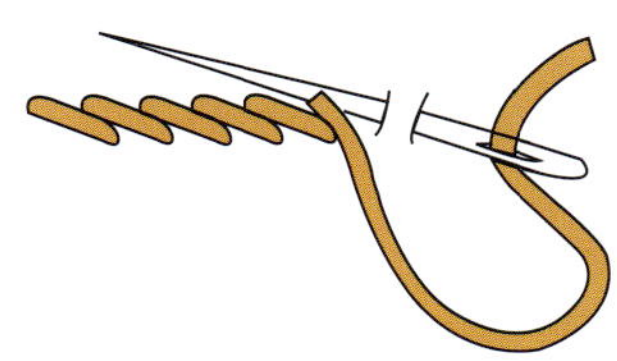

Point de tige

Point feston

Point lancé

Point sur... les transferts

Faire un transfert nécessite un minimum de matériel informatique : un photocopieur ou un scanner pour les plus expertes. Mais tout de suite votre objet sera très personnel.
Il existe quelques magasins de reprographie dans les grandes villes qui proposent ce service. La qualité du transfert sera nettement supérieure à ce que vous obtiendrez avec votre propre matériel : les magasins disposent de presses professionnelles.
Le transfert une fois posé sera bien plus résistant. Il suffit bien souvent de venir avec sa photo ou l'image à transférer sur une clé USB.

- Choisir une photo dans votre album personnel, dans un livre ou un magazine.
- Photocopier cette image sur un papier spécial transfert (vendu dans les magasins de loisirs créatifs). Lors de la photocopie, bien respecter le sens du papier.
- Poser le papier transfert sur votre support textile.

Attention subtilité : les transferts sont en image inversée ! Pensez-y en cas de texte : il vous faudra au préalable scanner votre image. Appliquer la fonction « miroir » du logiciel.

• En suivant les indications du fabricant qui peuvent très légèrement varier d'une marque à l'autre, appliquer le transfert sur votre support. Repasser avec un fer à repasser tiède. Ne pas utiliser de fer à vapeur : ils chauffent beaucoup trop.

• Retirer le papier protecteur.

• J'aime beaucoup coudre sur mes transferts quelques petits sequins ou petites perles. Cela donne du volume et des reflets brillants.

• Les transferts peuvent s'appliquer sur des sacs, des tee-shirts, des coussins, des rideaux.

• J'aime aussi broder des bordures et des cadres.

Rebroder (au point d'épine) un transfert

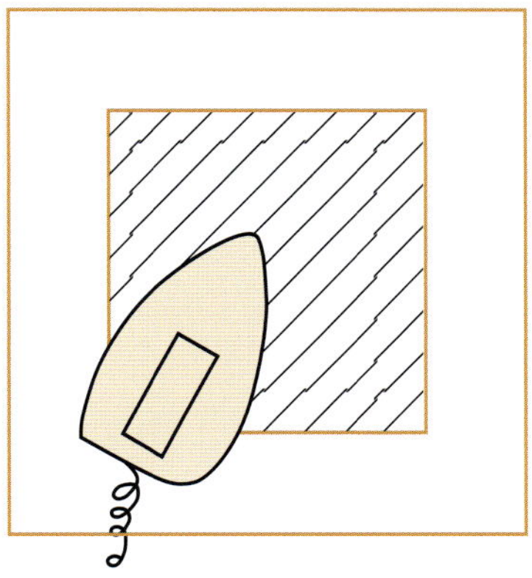

Transférer

Coussins à motifs

Dimensions d'un coussin

32 x 56 cm

Fournitures

Pour 2 coussins :

- Liberty : 2 morceaux de 20 x 34 cm
- Cotonnade vert d'eau : 6 bandes de 6 x 34 cm
- Cotonnade gris/bleu : 2 morceaux de 28 x 34 cm
- Lin assorti (dessous) : 2 morceaux de 34 x 48 cm et de 25 x 34 cm
- 2 feuilles de bristol A3
- Pinceau fin
- Peinture blanche pour textile
- Ciseaux
- Cutter
- Fer à repasser
- 2 coussins de 32 x 56 cm

Réalisation d'un coussin

Photocopier 1 morceau du Liberty sur une feuille de bristol en l'agrandissant à 200 %.

Évider les motifs au cutter pour obtenir un gabarit. Le poser sur le coton gris/bleu.

Tracer les contours et les petits détails du motif à la peinture blanche en prenant soin de créer des contrastes dans l'intensité du blanc, les vides et les pleins. Laisser sécher, puis repasser pour fixer la peinture.

Pour le dessus du coussin, assembler les tissus par des piqûres endroit contre endroit à 1 cm des bords, dans cet ordre : 1 bande vert d'eau, 1 bande peinte, 1 bande vert d'eau, 1 bande Liberty, 1 bande vert d'eau.

Piquer vers l'envers un double rentré sur un bord de 34 cm de chaque morceau du dessous.

Poser le dessus à plat, endroit vers le haut. Poser les deux morceaux du dessous par dessus en les croisant.

Piquer le tour. Retourner. Glisser les coussins dans les housses.

Une bonne assise

Fournitures

- Chutes de cotonnades rectangulaires
- Toile thermocollante
- Fil à coudre
- Coussin polochon
- Rembourrage synthétique
- Machine à coudre
- Boîte à couture

Réalisation

Piquer les bandes de tissus les unes au bout des autres pour obtenir un coupon. Dessiner un cercle de 10 cm de diamètre. Couper un rectangle de 35 x 40 cm (circonférence x longueur) dans le coupon. Coudre 4 morceaux de 6 x 6 cm en carrés. Couper ensuite un cercle de 10 cm, avec comme centre, le centre du carré. Thermocoller ce cercle. Faire un deuxième cercle de la même façon pour la deuxième extrémité.
Fermer le tour en rond, endroit contre endroit, en laissant une ouverture au milieu. Piquer autour des extrémités. Retourner. Glisser le coussin dans la housse. Fermer l'ouverture à la main.

Sur du velours

Fournitures

- 3 plaques de molleton synthétique de 31 x 31 cm
- 35 cm de velours Varese en 140 cm de large Indigo
- 34 boutons velours de diverses couleurs
- Fil à coudre solide assorti

Réalisation

Reporter 2 fois la forme du dessus de chaise sur le velours. Découper à 1 cm tout autour du tracé puis découper une bande de 7 x 120 cm de velours pour l'épaisseur du coussin.

Épingler la bande autour d'un morceau de velours en commençant par le milieu du dos. Coudre à la main pour bien suivre l'arrondi et éviter de distendre la bande. Ajuster la longueur de fin de la bande/début de la couture. Assembler l'autre face du coussin en veillant à ne pas « vriller » la bande. Ménager une ouverture. Retourner.

Découper 3 fois la forme du coussin dans le molleton. Glisser dans la housse. Fermer l'ouverture.

Repérer un carré de 5 cm de côté au centre du dessus du coussin. Piquer verticalement une épingle à grosse tête dans chaque angle, puis poser des épingles sur toute la surface en dessinant des carrés de 5 cm de côté. Faire le même travail sur le dessous. Coudre les boutons à l'emplacement des têtes d'épingle, en traversant le coussin et en tirant sur le fil pour bien les enfoncer.

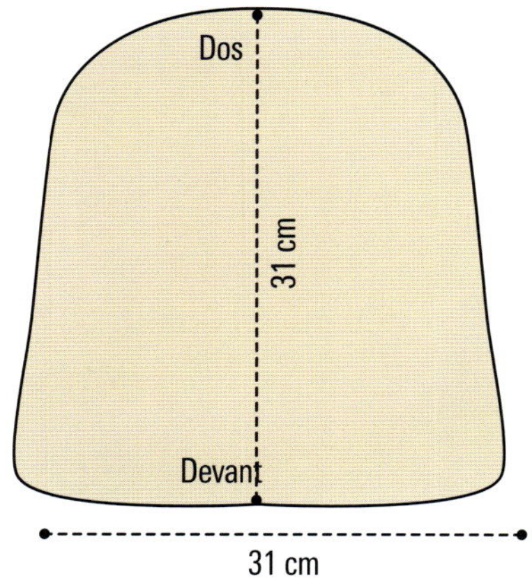

Coussin lin et jute

Dimensions

25 x 40 cm

Fournitures

- 40 x 50 cm de lin bis
- Chutes de tissus de lin de divers tons
- Chutes de sangles
- Chutes de toile de jute
- 50 cm environ de dentelle de 5 cm de large
- 50 cm environ de dentelle fine de 2 cm de large
- 1 échevette de mouliné à broder DMC rouge n° 815
- Fil de coton
- Bourre synthétique
- Boîte à couture
- Machine à coudre

Réalisation

Couper 2 rectangles de lin bis de 25 x 40 cm.
Couper les chutes de lin, de sangles et toile de jute en carrés et rectangles.
Sur l'un des rectangles de lin, coudre les chutes à gros points visibles avec du fil à broder rouge ou bleu. Superposer les différentes chutes. Ajouter les rubans de dentelle. Laisser les fils à broder bien visibles.

Monter le coussin : superposer, endroit contre endroit, le rectangle avec les chutes avec l'autre rectangle de taille identique.
Coudre sur 3 côtés. Cranter les angles. Retourner sur l'endroit.
Rembourrer. Fermer le 4e côté à petits points invisibles.

Ours patineur

Dimensions

41 x 50 cm

Fournitures

- 30 cm de feutrine écrue et bleu ciel
- 50 cm de lainage écossais
- Ciseaux cranteurs
- Ciseaux droits
- Mouliné Spécial DMC, 1 éch. bleu ciel 813
- Fil fleur DMC écru
- 20 cm d'étamine tirefil
- Stylo
- 6 boutons de feutre écrus
- Feutre à textile

Ours patineur *(suite)*

Réalisation

Couper aux ciseaux cranteurs un rectangle de 41 x 50 cm pour le dessus du coussin, 1 rectangle de 16 x 41 cm et 1 rectangle de 40 x 41 cm pour le dessous. Rabattre puis piquer un rentré de 1 cm sur une hauteur de chaque morceau. Les croiser endroit contre envers pour former un rectangle de 41 x 50 cm. Bâtir. Agrandir et décalquer les formes de l'ours, des sapins et des cercles. Les reporter sur un carton, découper puis utiliser comme patron pour dessiner au feutre à textile sur l'envers de la feutrine et du dessus. Découper les sapins et l'ours aux ciseaux droits, les cercles aux ciseaux cranteurs. Bâtir puis fixer par de petits points de croix écru ou ciel. Décalquer les traits de la glissade sur une bande d'étamine. La bâtir à 12 cm du bas puis broder au point de croix avec 3 brins ciel. Tirer le canevas. Coudre les boutons sur les cercles. Garnir le centre d'un gland de coton ciel. Poser dessus et dessous du coussin envers contre envers. Piquer en écru, à 2 cm des bords, en choisissant une piqûre décorative.

5 cm

Coussin girly

Fournitures

- 35 cm de coton à pois en 100 cm de large
- 35 cm de tissu Liberty en 100 cm de large
- 35 cm de coton violet en 140 cm de large
- Fil blanc ou violet
- Cutter
- Ciseaux
- 1 feuille A4 de papier transfert pour tissu épais
- Imprimante/scanner + fer à repasser
- 1 coussin de 30 x 55 cm

Réalisation

La housse

Couper, pour le devant, 1 rectangle de 32 x 36 cm dans le tissu à pois, 1 de 19 x 32 cm dans le Liberty et 1 bande de 5 x 32 cm dans le tissu violet. Assembler ces 3 morceaux endroit contre endroit (bande violette au milieu) en piquant à 1 cm du bord. Repasser les coutures ouvertes.

Couper, pour le dos, 1 rectangle de 27 x 32 cm et 1 autre de 32 x 45 cm dans le tissu violet. Rentrer et repasser un double ourlet de 1 cm sur l'un des bords de 32 cm de chacun des morceaux. Piquer ces ourlets.

Coussin girly *(suite)*

Le motif

Prendre l'image de votre choix (h. 18,5 cm). L'imprimer sur la feuille transfert A4 (en suivant la notice du fabricant).

Découper au ras de l'image. Retirer le papier au dos du transfert. Positionner le motif sur le tissu à pois, le fixer au fer à repasser.

Les finitions

Poser le devant de la housse à plat, l'endroit tourné vers vous. Poser dessus la partie la plus grande du dos, endroit contre endroit, et ourler vers le milieu. Poser ensuite la petite partie du dos, endroit contre endroit, et ourler vers le milieu. Bâtir, puis piquer le tour à 1 cm du bord. Cranter les angles, retourner la housse sur l'endroit et la repasser.

Le nœud

Couper une bande de 8 x 25 cm dans le tissu violet. La plier dans le sens de la longueur, endroit contre endroit. Piquer une des extrémités et la longueur à 1 cm du bord. Cranter l'angle. Retourner sur l'endroit et repasser.

Découper la bande en 2 morceaux de 18 cm et 6 cm. Rabattre les extrémités de celui de 18 cm vers le centre et coudre les extrémités à la main. Enrouler celui de 6 cm autour du milieu du nœud et coudre les extrémités sur l'envers.

Fixer le nœud sur la bande violette, à 8,5 cm du bas de la housse.

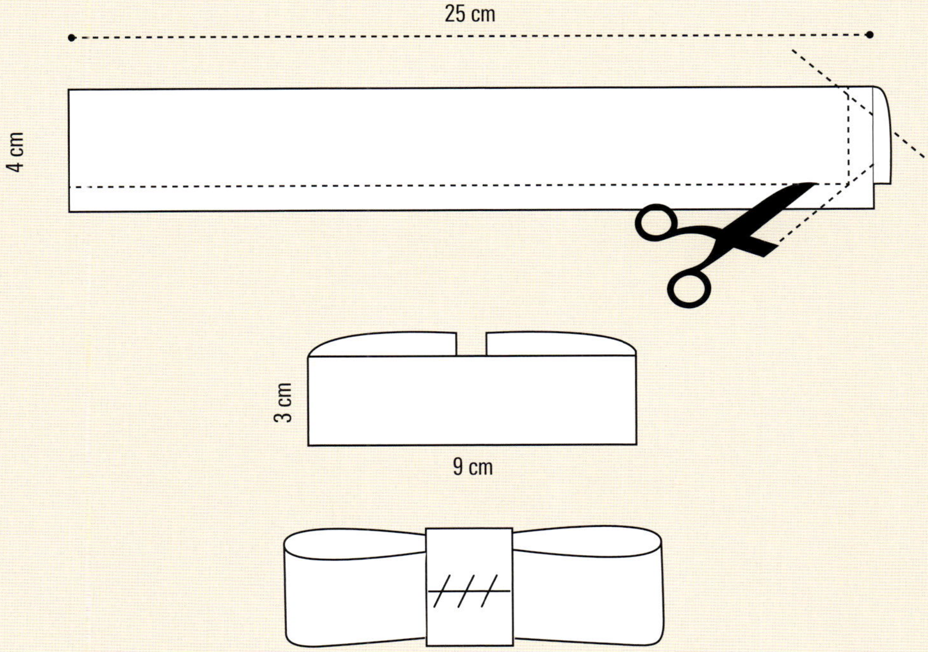
25 cm
4 cm
3 cm
9 cm

Coussin rouge et écru

Dimensions

42 x 46 cm

Fournitures

- 42 cm de tresse écrue de 5 cm de large
- 20 cm de toile de lin bis
- 50 cm de toile rayée
- 50 cm de toile de lin écrue
- Mouliné DMC , 1 éch. col. rouge 498, beige 640 et noir
- 4 petits boutons de nacre
- 2 petits boutons pour les yeux
- 3 boutons de nacre de 2 cm de diamètre
- Canevas tirefil
- Fil

Réalisation

Pour le dessous du coussin, couper un rectangle de 42 x 46 cm dans la toile écrue. Pour le dessus, couper un carré de 42 cm de côté dans la toile rayée. Piquer la tresse sur le bord gauche du carré. Broder 3 boutonnières régulièrement espacées dans la tresse. Reporter les contours des pattes, du corps et de la tête de l'ours sur la toile de lin bis. Par transparence, reporter les surfaces à broder sur le tirefil. Le bâtir sur l'ours et broder au point de croix avec 3 brins du Mouliné. Tirer le canevas. Découper chaque partie en ajoutant 1 cm tout autour. Cranter les rentrés, les plier sur l'envers puis appliquer à petits points sur le dessus du coussin en commençant par le corps. Coudre les 4 boutons de nacre et les yeux. Poser dessus et dessous, endroit contre endroit. Piquer sur 3 côtés (laisser ouvert celui avec la tresse). Plier l'excédent du dessous vers l'intérieur. Piquer. Coudre les boutons.

Point de croix rouge   Point de croix beige

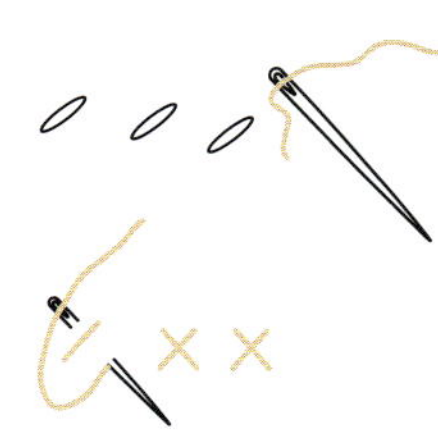

Point de croix

Les housses

Je fais une housse de chaise

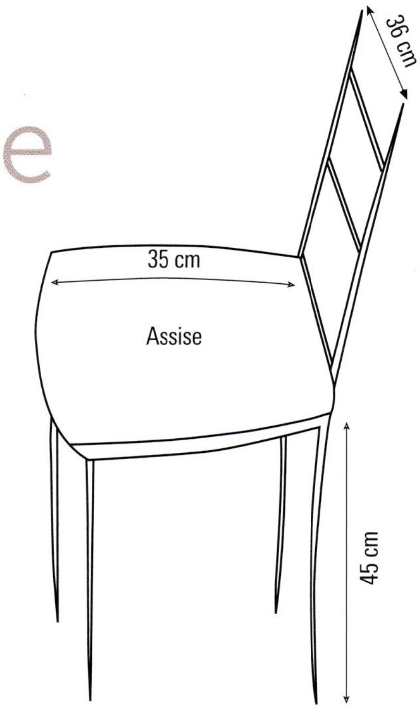

Toutes les chaises se ressemblent un peu. Si vous avez envie d'améliorer votre intérieur à peu de frais, lancez-vous dans des housses de chaises, vous verrez, vous allez vous amuser.

• **Choisir le tissu** qui vous fait plaisir. Pour les housses, il y a peu d'interdit.

Choisir un tissu résistant, épais et traité antitaches. Épais pour qu'il ne se déchire pas, dès que vous vous assiérez. L'avantage de la housse est d'être amovible, donc choisir un tissu lavable. Mais c'est aussi l'occasion de s'amuser un peu avec des housses en simili-cuir ou en tissu très original, comme la fourrure.

Tous les tissus à base de plastique autorisent un coup d'éponge en fin de repas : pratique !

• **Prendre les mesures de la chaise.** Dessiner un plan de la chaise sur une feuille blanche. Noter les cotes. Ne négligez pas cette étape : vous risquez de vous emmêler dans les mesures.

Ajouter 2 cm à chaque mesure pour l'aisance. L'aisance est la petite marge de tissu qui vous permettra d'enfiler la housse.

• **Dessiner sur patron** à taille réelle sur de grandes feuilles de kraft ou de papier journal. Noter sur le papier à quoi correspondent les pièces.

• **Assembler le patron** en papier, bord à bord, avec du ruban adhésif pour obtenir un patron en volume.

• **Essayer le patron sur la chaise,** en faisant bien attention. Si le patron en papier ne passe pas, c'est qu'il y a une erreur dans les mesures. Reprendre et recalculer les mesures.

Retirer le ruban adhésif pour obtenir un patron plat en papier.

• **Poser le patron** papier sur le tissu.

Ajouter 1 cm pour les coutures. Ajouter 4 cm en bas pour les ourlets.

Attention, en couture, les mesures doivent se retrouver. Les côtés pour s'assembler doivent être égaux, les bas aussi.

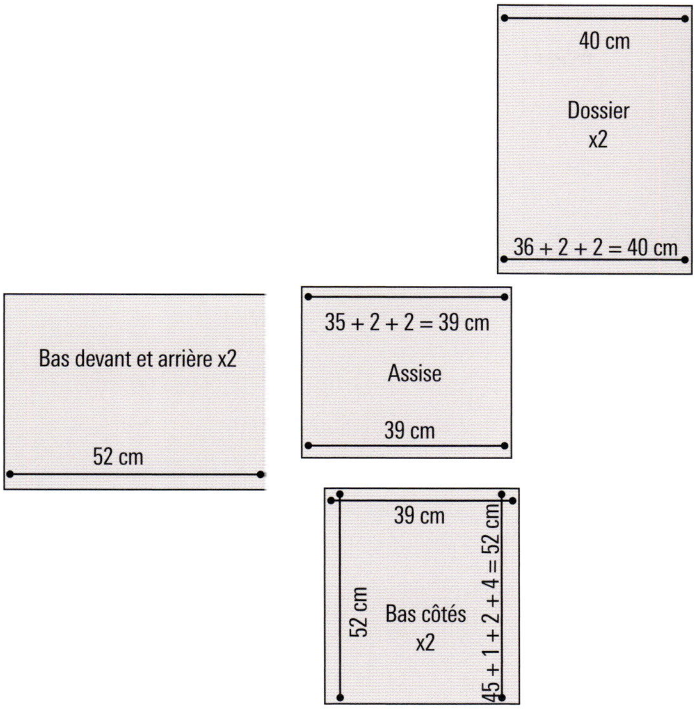

- **Couper le tissu :**

- 2 fois le dossier
- 2 fois le bas côtés et bas devant/arrière
- 1 fois l'assise

- **Assembler** puis piquer les pièces entre elles à 1 cm du bord. Surfiler les coutures pour finir proprement et donner de la résistance.
- **Ajouter tous les détails** qui vous ressemblent : des galons derrière, des pompons en bas, des poches ou des gros nœuds derrière, des dessins à la peinture, des pochoirs. C'est le support rêvé.

Faites toutes les housses de manière identique, ou au contraire une housse différente pour chaque chaise.

Vous pouvez aussi investir dans des housses toutes faites et les arranger à votre goût. Le projet ne coûtera pas plus cher et peut vous faire gagner du temps. Il ne faut pas se complexer à acheter des articles déjà faits et les arranger à son goût.

Point sur...
l'appliqué

Appliquer un motif en toile donne un résultat toujours très spectaculaire.

Le principe est simple. On choisit un tissu pour son imprimé : de grosses fleurs, un motif bucolique, des dessins pour enfants, ou simplement des motifs de couleur et on l'applique sur un autre tissu.

• **Découper les motifs** choisis. Avec des ciseaux de couture coupant correctement, les détourer.

• À l'aide d'un fer à repasser, **appliquer une toile thermocollante** au dos du motif. Cette étape n'est pas indispensable. Elle permet de rigidifier légèrement le motif pour le rendre plus facile à positionner. Découper et préparer ainsi autant de motifs que vous le désirez.

Chercher une disposition harmonieuse. Parfois il s'agit simplement d'appliquer une étoile ou un motif très simple pour changer complètement un objet ou un vêtement.

• **Épingler ou bâtir l'appliqué.** Il est important de le maintenir régulièrement pour pouvoir ensuite le coudre, le broder ou le coller facilement.

• Selon la destination de l'appliqué, vous pouvez :

- le coller, avec de la colle à textile,
- le coller avec une toile thermocollante double face,
- le piquer à la machine au point de zigzag très serré avec des fils de couleur contrastée ou au contraire ton sur ton,
- le coudre à gros points visibles qui peuvent donner un style à votre création,
- le broder avec des points fantaisie de votre choix, ou avec des fils épais pour mettre en valeur la broderie.

Sachez que si vous optez pour la colle, celle-ci se dissout dans l'eau. Réservez cette technique pour les déguisements ou l'ameublement, en déco éphémère.

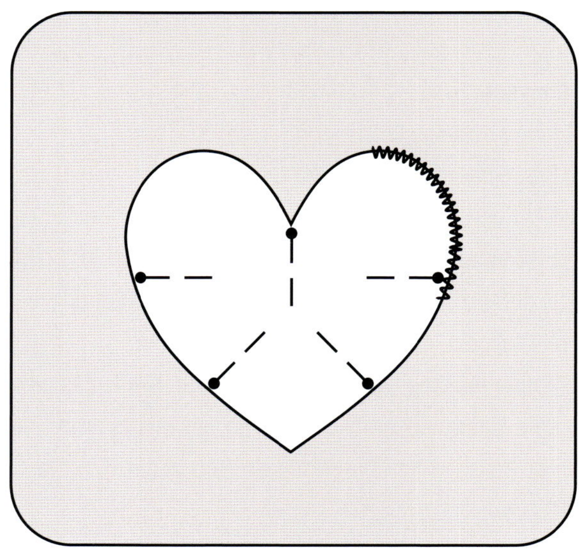

Point sur...
la peinture textile

La peinture textile est vendue dans les magasins de loisirs créatifs. Ce sont des petits pots de toutes les couleurs. Vous pouvez commencer à peindre avec des petits kits.

La peinture se présente aussi sous forme de marqueurs ou de petits tubes.

J'aime beaucoup offrir des tee-shirts personnalisés avec des petits dessins et des jolis messages.

Quelle que soit la forme de la peinture, la technique reste la même :

- **Poser le tissu tendu** sur un carton. Ce carton appelé souvent « carton à massacre » est un simple carton de déménagement. Légèrement poreux, il absorbera l'excédent de peinture et évitera les taches. Ne pas mettre un magazine : les pages sont superbes mais n'absorbent pas la peinture, celle-ci va glisser et tacher le tissu.

Ne pas oublier de tendre le tissu !

- Si le tissu est légèrement transparent, **décalquer le motif.** Sinon, dessiner le motif avec un feutre à textile soluble dans l'eau.
- **Peindre** avec des pinceaux fins de bonne qualité (d'une manière générale, c'est toujours mieux !) votre tissu, ou écrire votre message au marqueur.

Attention à ne pas mettre trop de peinture.

- **Laisser sécher.** Retirer du support.
- **Chauffer** pour fixer la peinture avec un fer à repasser sans vapeur.

Vous pouvez laver le tee-shirt ou le tissu sans problème.

J'utilise aussi parfois des tubes de peinture acrylique. Dans les 2 cas, gare aux vêtements, la peinture tache !

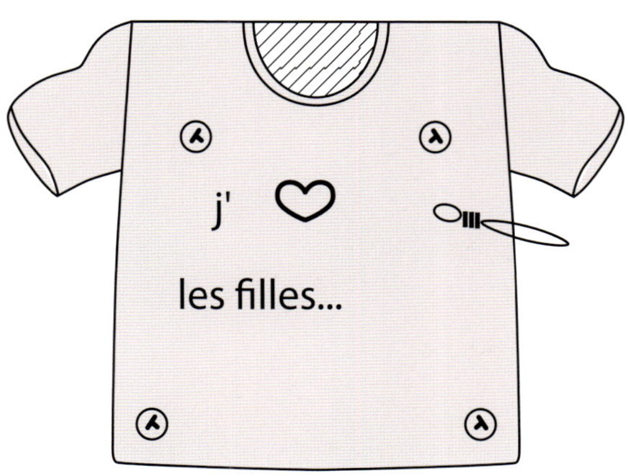

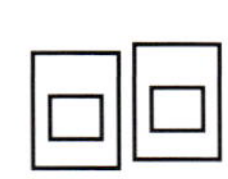

Housse à pompons

Fournitures

- Toile de lin (métrage en fonction de la chaise à habiller)
- Fil à coudre pour coutures solide
- Peinture Pébéo Sétacolor couleurs opaques pour tissus foncés : Bleuet 57, Cerise 50, Blanc 10, Violet de Parme 29
- Pinceau Pébéo 843 n° 2
- Carbone

Réalisation

En suivant le schéma (p. 52), dessiner le patron de la housse sur l'envers du tissu. Découper en ajoutant 2 cm tout autour. Plier le tissu endroit contre endroit sur la ligne du haut du dossier. Piquer les côtés. Incruster les côtés entre le bas du dossier, le siège et l'avant. Préparer plusieurs motifs (p. 53) en changeant la position et la longueur des liens. Poser les motifs sur le tissu, glisser le carbone entre les 2, puis repasser tous les traits avec la pointe d'un stylo bille pour les imprimer sur le tissu. Passer une couche de Sétacolor blanc sur tous les motifs. Laisser sécher. Préparer ensuite différents roses en mélangeant du Rouge Cerise avec du Blanc et une pointe de Bleuet ou de Violet. Peindre en commençant par le rose le plus foncé pour terminer par le plus clair et même du blanc. Laisser sécher. Repasser sur l'envers à fer très chaud pour fixer la couleur.

Housse à pompons *(suite)*

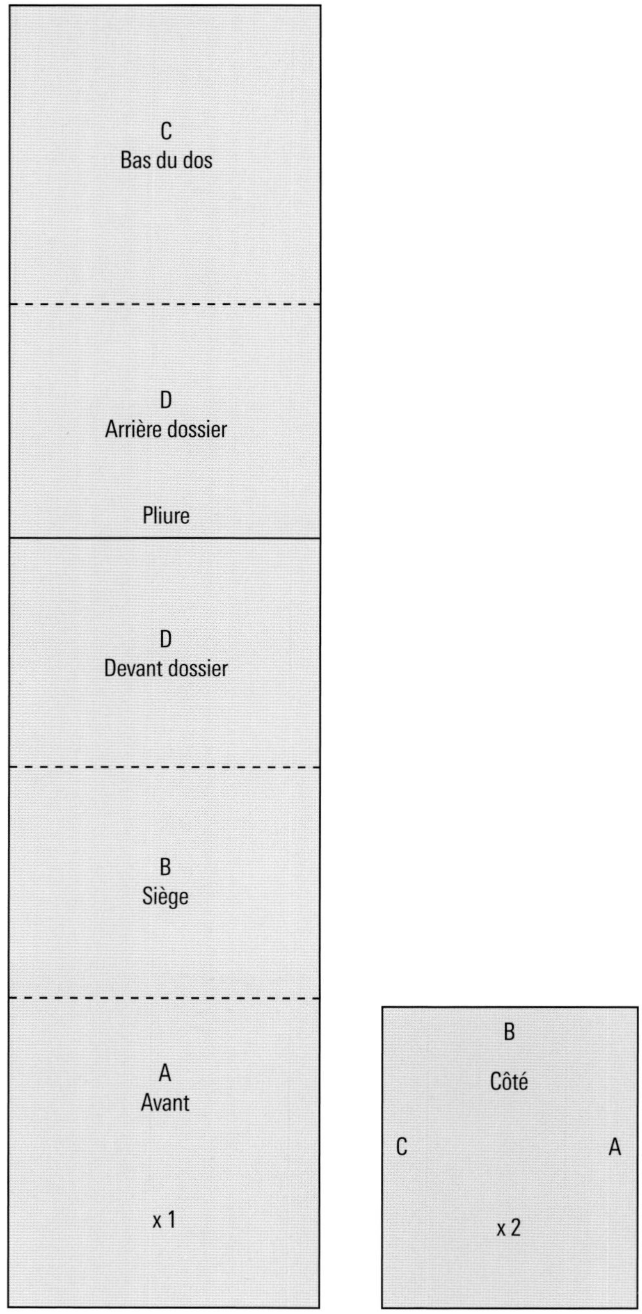

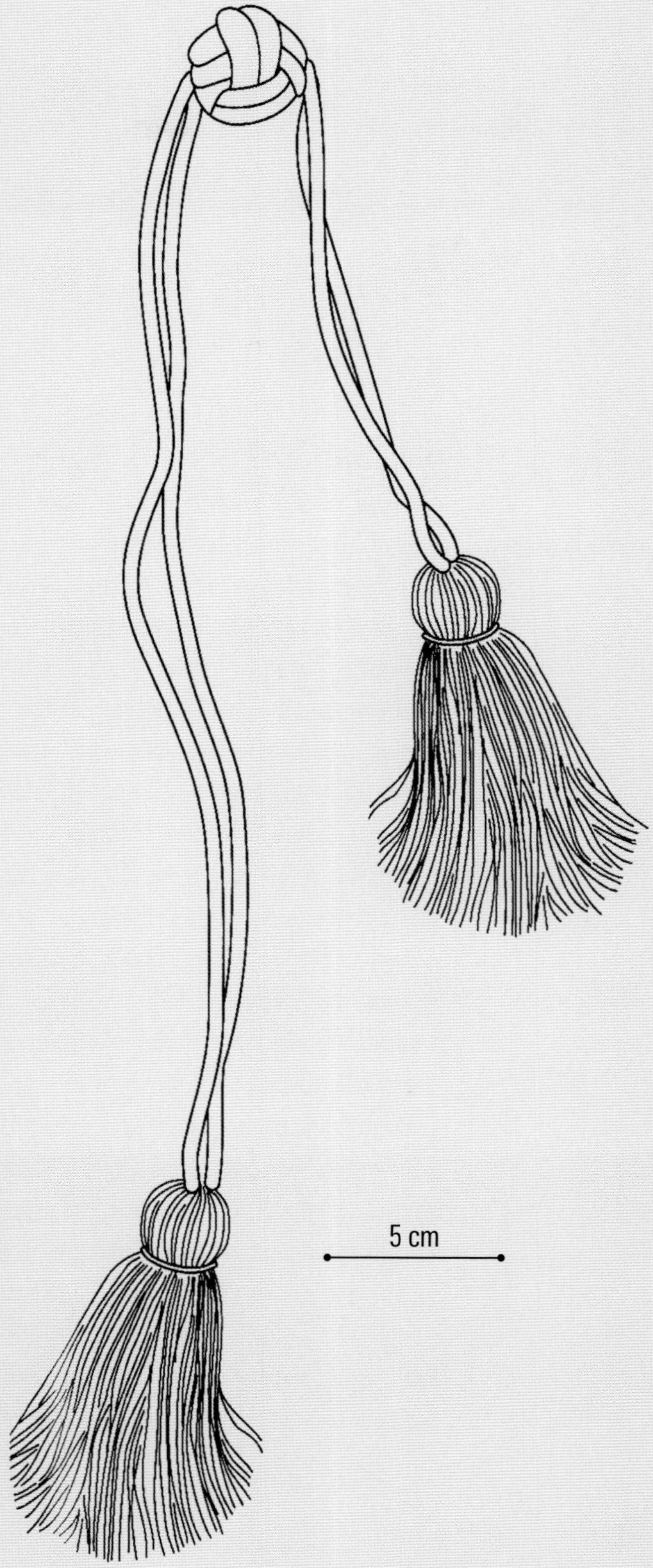
5 cm

Housse en velours

Fournitures

- Velours
- Satinette ou toile de coton pour doubler le velours

Réalisation

L'**assise.** Prendre les mesures exactes de l'assise, et faire le patron en dessinant le volume à plat, sans oublier les décrochés des montants. Préparer les liens d'accroche en coupant 4 bandes de 4 x 15 cm. Replier au fer les bords envers contre envers d'1 cm sur la longueur. Replier de nouveau au fer cette bande en deux, envers contre envers, en faisant coïncider les bords prépliés. Replier la bande en deux, endroit contre endroit, en ouvrant les plis des bords et coudre une des extrémités dans la largeur. Cranter et retourner sur l'endroit. Coudre à 1 mm du bord ouvert pour fermer le lien. Bâtir les liens sur le dessus du velours puis bâtir la doublure endroit contre endroit. Coudre tout le tour en laissant une ouverture de 15 cm côté dossier. Cranter les coins et retourner par l'ouverture. Écraser les coutures au fer à la pattemouille en les faisant rouler entre les doigts au fur et à mesure du repassage pour les faire ressortir. Faire les rentrés à l'ouverture et les fermer à petits points cachés ainsi que les coins verticaux du devant.

Dossier. Prendre les mesures exactes du dossier : hauteur, largeur et profondeur (tranche de côté).

Coudre endroit contre endroit le velours et la doublure des devant et dos. Cranter le tissu. Retourner, sortir et écraser les coutures au fer. Coudre ensuite, endroit contre endroit, le velours et la doublure des côtés. Retourner et écraser la couture au fer. Coudre endroit contre endroit de la pièce de devant et dos aux côtés. Surfiler et retourner le dossier sur l'endroit pour pouvoir l'enfiler sur le dossier.

Ces housses sont prévues pour des chaises aux lignes droites. Conseil : ajouter 1 cm à chaque mesure pour compenser le léger rétrécissement dû aux coutures.

Zen attitude

Fournitures

- 1 fauteuil uni blanc
- 1 pouf repose-pieds blanc
- 12 carrés de tissu en coton vert-bleu et blanc à motifs variés, pois rayures, vichy, toile de Jouy
- 1 aiguille de tapissier (aiguille courbe)
- Fer à repasser

Réalisation

Choisir des tissus qui s'harmonisent. Repasser les tissus. Couper des carrés de 30 cm à 60 cm de côté. Surfiler les carrés.
Rabattre 1 cm vers l'intérieur sur chaque côté des carrés. Repasser pour maintenir ce petit ourlet en place.
Si vous ne pouvez pas déhousser le fauteuil et le repose-pieds, disposer les carrés sur le fauteuil et le repose-pieds. Chercher une disposition harmonieuse. Les carrés peuvent se chevaucher, se superposer.
Coudre à la main chaque carré avec une aiguille de tapissier. L'aiguille étant courbe, vous aurez plus de facilité à coudre qu'avec une aiguille longue.
Si vous pouvez déhousser le fauteuil et le repose-pieds, poser les carrés sur le fauteuil et le repose-pied. Épingler les carrés régulièrement.
Retirer la housse. Piquer les carrés à la machine avec du fil épais. Vous pouvez varier les styles, changer les fils et piquer avec différents points fantaisie.
Remettre la housse.

b

Chacun sa place

Fournitures

- Pour chaque dossier : une jambe de jean dans la partie la plus large
- Fil solide
- Chute de cuir
- Tampons chiffres et encre de Chine
- Papier absorbant
- 2 attaches parisiennes
- Cutter

Réalisation

Couper un morceau de jambe de jean. Ouvrir la couture intérieure. Enfiler la jambe retournée sur le dossier. Épingler les hauteurs pour les ajuster. Piquer les hauteurs. Couper l'excédent de tissu. Ourler le bas. Rabattre 1 cm sur l'envers et piquer. Couper 1 morceau de cuir en forme d'étiquette. Verser de l'encre de Chine sur du papier absorbant pour créer un tampon encreur. Faire un esai sur un morceau de cuir. Imprimer les chiffres au tampon.

Fendre les extrémités de l'étiquette et le tissu pour passer une attache parisienne, fixer l'étiquette centrée sur le dossier de chaise.

66
21

Inspiration Japon

Fournitures

- 2 chaises Henriksdal (Ikea)
- 2,20 m de coton dans 2 tissus coordonnés en 1,10 m de large
- 1,10 m de coton à pois en 1,10 m de large
- Craie de tailleur
- Règle
- Ciseaux
- Fil à coudre assorti

Réalisation

Repasser tous les tissus.

Pour les plis du bas, découper 8 rectangles de 16 x 36 cm et 16 rectangles de 9 x 36 m dans le tissu à pois.

Découper les différents morceaux dans chaque tissu, selon le plan de coupe (p. 63), et les répartir pour obtenir 2 housses coordonnées (attention au raccord des motifs si besoin). Surfiler le tour de chaque morceau.

Assembler les 3 morceaux des plis selon le schéma B. Marquer les pliures au fer à repasser vers l'extérieur et l'intérieur.

Assembler les 7 morceaux (plis, côtés et face bas de la housse) selon le schéma C. Piquer ensuite verticalement les deux côtés bas sur la face bas de la housse, sur 15 cm depuis le haut. Retourner l'assemblage sur l'envers, bien former à chaque fois les trois plis creux et coudre leur bord supérieur sous les morceaux du bas.

Piquer le devant de l'assise en tissu contrasté en haut de la face bas de la housse, puis le dossier dans le même tissu sur le dos de l'assise (bien centré).

Piquer ensuite le haut du dos de la housse en tissu contrasté bien centré en haut du dossier, puis le bas de ce dos sur les deux plis restants.

Enfiler la housse tournée sur l'envers sur la chaise. De chaque côté, plier et épingler le dossier et le dos pour former le volume du dossier selon le schéma D (8 cm de couture) et dégarnir les angles.

Placer ensuite la housse sur la chaise tournée sur l'endroit, ajuster sa longueur. Marquer l'ourlet (environ 2 fois 1 cm). Ôter la housse, préparer l'ourlet au fer et le piquer.

Inspiration Japon *(suite)*

C

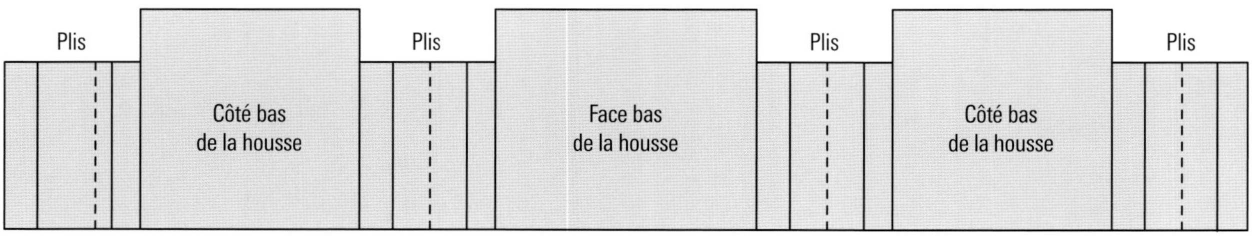

B

D

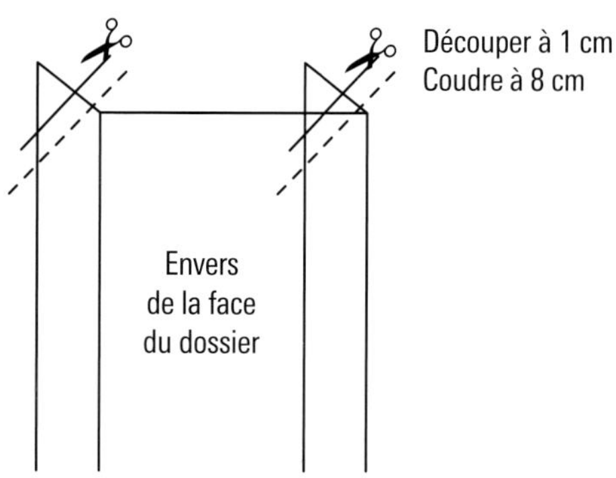

ENDROIT DE L'ASSEMBLAGE

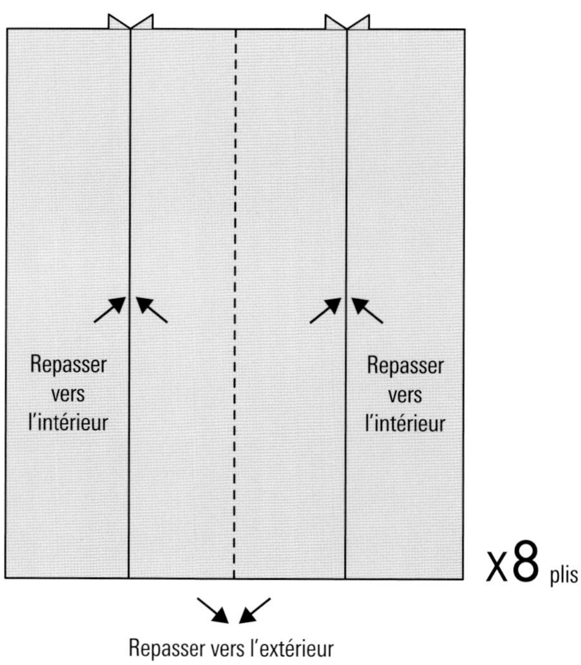

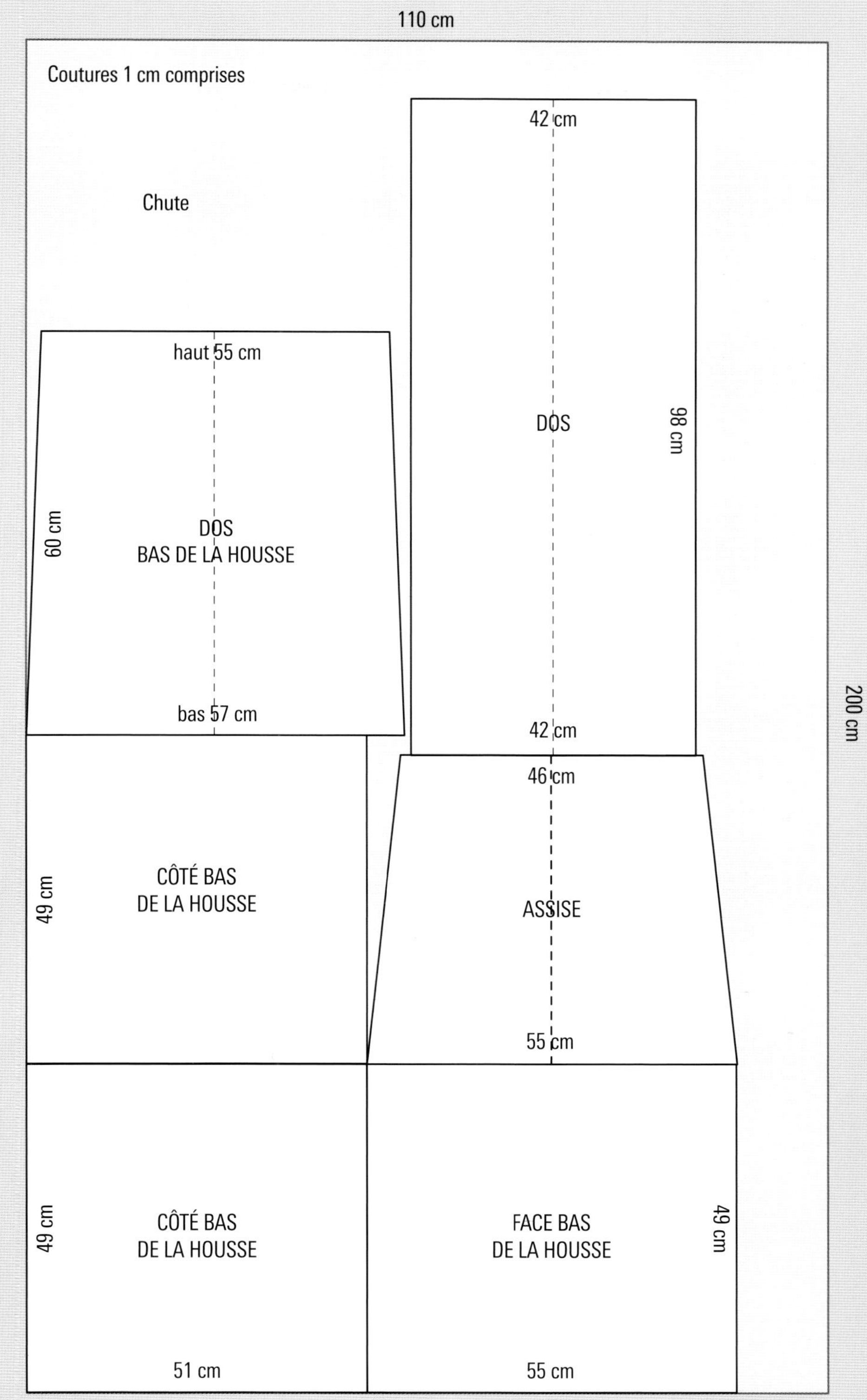

PLAN DE COUPE

Housse de chaise sans couture

Fournitures

- 2 carrés de feutre de 50 x 50 cm
- Des attaches parisiennes
- 1 emporte-pièce de 3 mm de diamètre

Réalisation

Dessus de la chaise. Prendre les mesures exactes de l'assise : largeur, profondeur et hauteur et faire le patron en dessinant le volume à plat sans oublier les décrochés des montants. En posant le feutre sur une surface de bois ou de caoutchouc rigide, faire des trous à l'emporte-pièce sur les coins du devant de la housse et les décrochés des montants. Passer une attache parisienne dans le trou d'un coin devant et la ressortir dans le trou du coin arrière. Ouvrir les branches de l'attache pour la fixer. Faire de même à l'autre coin et poser la housse sur la chaise.

Les deux coins devant sont déjà formés, il faut maintenant former ceux de l'arrière. Pour ce faire, couper deux bandes de 4 cm de large et de la longueur pour faire le tour du montant de la chaise plus 2 cm. Les plier en deux dans la longueur et faire des trous dans les deux épaisseurs à 0,5 cm des bords dans la largeur. Passer des attaches parisiennes dans ces trous puis dans les trous de la housse à l'emplacement des décrochés des montants et replier les branches pour fixer les attaches.

Dossier. Prendre les mesures du dossier et couper un rectangle qui recouvre le devant et le dos plus 4 cm et dont la largeur est de 5 cm plus grande que celle du dossier (épaisseur comprise). Replier le rectangle en deux et, sur les deux épaisseurs, faire des trous espacés de 2 à 3 cm sur les deux côtés. Laisser une ouverture à partir de la fixation du dossier sur la chaise.

Les rangements

Je conçois un rangement

Ranger ! Qui n'a pas rêvé d'une maison de catalogue, vaste, claire et rangée ? Même si le rangement reste un défi dans nos habitats, faites de cette corvée un plaisir.

Les housses valises

Les housses ont l'avantage de prendre la forme que l'on décide. Elles cachent les vêtements et les tiennent éloignés de la poussière.

- Reproduire le schéma pour y noter vos propres cotes. Si la housse doit se glisser sous un lit, lui donner la hauteur du lit – 5 cm au moins x la largeur du lit soit 90 cm – 5 cm. Si la housse doit se ranger en haut d'une armoire, lui donner la profondeur de l'armoire – 5 cm.
- Ajouter à chaque cote 1 cm comme valeur de couture.
- Assembler et piquer le haut.
- Assembler et piquer le bas.
- Assembler l'ouverture. Poser le zip.

Les habillages de caisses récupérées

Habiller des paniers ou des caisses de vin de récup' peut donner du style à une chambre ou une salle de bains.

- Laver et repeindre la caisse avec de la peinture acrylique de votre choix. Profitez-en pour utiliser les restes de la peinture murale pour assortir les caisses ou paniers à votre univers.
- Prendre les mesures de l'intérieur de la caisse. Faire un croquis sur une feuille pour noter les cotes. Ajouter 1 cm à chacune

des cotes pour les valeurs de couture. Noter les nouvelles cotes d'une autre couleur. Cela paraît toujours curieux comme conseil, mais je vous assure qu'il est important !

- Couper les tissus. Assembler en morceaux endroit contre endroit. Surfiler l'ensemble. Rabattre le haut (1 cm) vers l'envers pour faire un ourlet Piquer.
- Glisser l'habillage à l'envers dans la caisse.

L'habillage d'un meuble

Rangement astucieux et peu cher, utilisez un meuble que vous avez récupéré dans a rue ou chez vous et donnez-lui une autre vie : recouvrez-le d'une housse.

- Prendre les mesures du meuble. Ajouter à chaque mesure 2 cm. Dessiner le meuble et noter les nouvelles cotes.
- Couper les pièces de tissu selon les cotes.
- Assembler les morceaux.
- Ajouter tout ce qu vous fait plaisir et vous ressemble : galon, peinture, photos, transfert. Vous êtes chez vous. Profitez-en !

Le must de la décoration de rangement : utilisez des tissus que vous avez dans la maison. Les valises peuvent raconter des histoires si on les personnifie. Choisissez les motifs qui vous ressemblent, mixez les tissus et ajoutez les détails : des écussons pour les grands voyageurs, des badges pour les petites filles, des pochoirs avec des logos humoristiques…

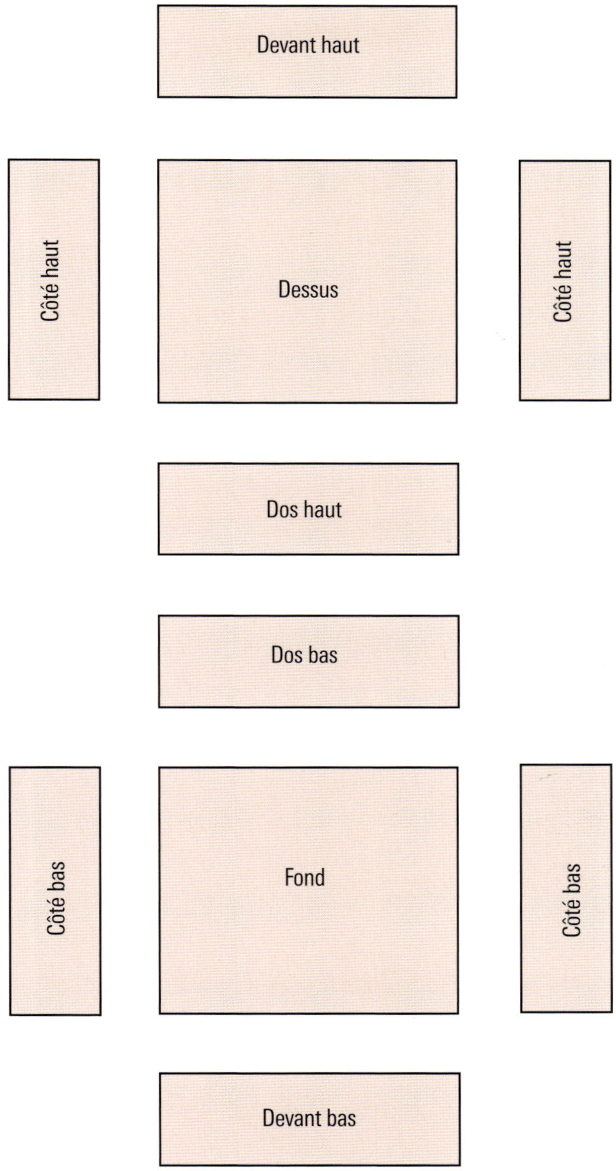

Point sur... les pochoirs

Créer ses pochoirs est assez amusant. Il existe un plastique adhésif spécial pochoir qui simplifie la création.
Pour réussir un pochoir, il y a 2 règles absolues :
- Utiliser une peinture qui ne coule pas.
- S'assurer à chaque application que le pochoir est propre.

• **Choisir un motif simple.** Le dessiner à bonne taille sur une feuille de papier blanc.

• **Couper** dans l'adhésif spécial pochoir un morceau de taille supérieure au dessin. Prendre une bonne marge.

• **Poser** l'adhésif sur le dessin et décalquer le dessin sur l'adhésif avec un marqueur fin.

• **Évider** l'intérieur du dessin avec un cutter. Sa lame doit être fine et tranchante.

Il existe aussi des pochoirs en plastique vendus dans le commerce. Il en existe de toutes les tailles et sur quasiment tous les sujets.

• Pour pocher, utiliser **une brosse de pochoir** (pinceau rond et plat). Tremper le pinceau dans la peinture. Protéger le tissu en le posant sur un carton épais. Vous pouvez le maintenir avec des punaises. Appliquer le pochoir sur le textile. Le fixer avec du ruban adhésif.

• **Tapoter** doucement la brosse à pochoir sur le textile.

• **Retirer** délicatement le pochoir. Passer dessus un coup de chiffon pour le nettoyer.

• **Recommencer** autant de fois que nécessaire. Vous pouvez varier les couleurs et jouer en faisant des dégradés.

Point sur... plaquer des poches

Ajouter des poches plaquées sur un ouvrage, un coussin, un sac peut être utile. En plus d'être décoratives, ces poches peuvent aussi masquer des trous.

• **Choisir un tissu** à votre goût. Pour ajouter des poches, il n'y a pas d'interdit.

• **Couper un rectangle** de la taille de la poche + 1 cm dans le tissu. Surfiler le rectangle sur les 4 côtés.

• **Rabattre** de 1 cm vers l'intérieur le côté que vous poserez vers le haut. Repasser la pliure pour la maintenir en place. Ne repasser que si le tissu le permet, ne pas repasser les tissus plastifiés, les simili-cuir par exemple.

• **Piquer** ce rabat à la machine à 0,5 cm du bord, en une couture droite.

Vous pouvez, si vous voulez créer un effet de style, piquer les coutures avec du fil très coloré.

• **Poser** la poche sur ce que vous voulez. Il est toujours beaucoup plus facile en couture de poser des poches avant d'assembler le vêtement ou l'objet. Il vaut mieux piquer à la machine sur un tissu plat.

Si vous ajoutez une poche à un objet déjà fini ou acheté dans le commerce :

• **Coudre à la main,** à petits points invisibles, la poche à l'endroit souhaité. Coudre sur les 3 côtés sans ourlet.
Si vous avez opté pour des tissus épais, prendre un dé à coudre pour ne pas vous blesser les doigts.

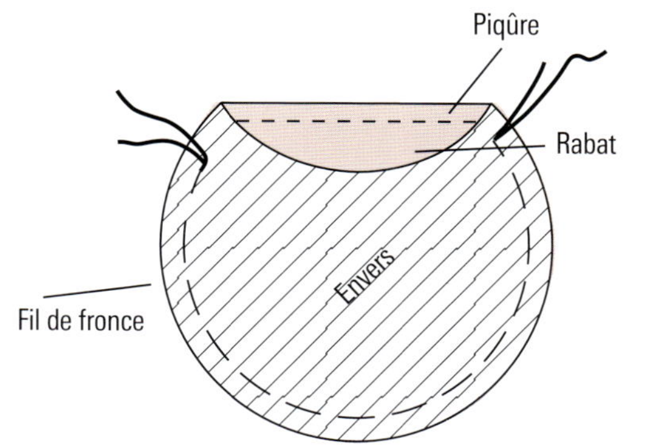

Poche ronde

• Si vous pouvez dégager la partie où vous souhaitez poser la poche, **épingler la poche**. Épingler de façon perpendiculaire aux bords. Piquer ensuite à la machine sur les 3 côtés.

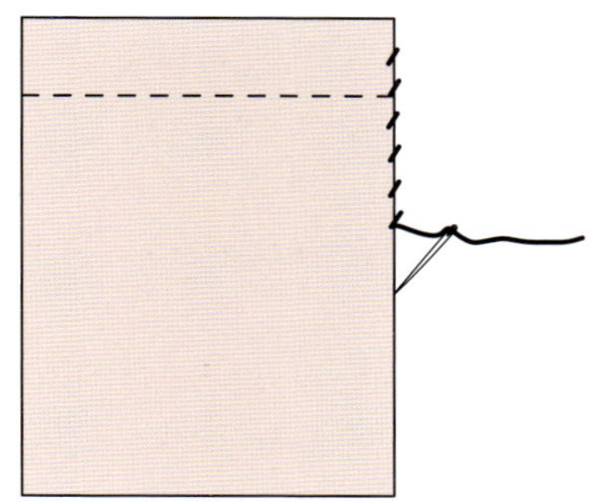

Poche cousue à la main

• Si vous voulez ajouter des **poches rondes :** tracer des ronds dans les tissus choisis. Pour tracer des cercles, utiliser des plats, des assiettes, des verres… que vous avez sous la main. Poser le plat, par exemple, sur le tissu et tracer tout autour la marque avec un feutre à textile ou une craie de tailleur.

• **Passer un fil** tout autour à 1 cm du bord. Tirer légèrement sur le fil. En fronçant, le tissu va se recourber.

• **Repasser** pour maintenir la forme ronde. Piquer à la machine un tiers de l'ourlet de la poche ronde.

• **Appliquer** la poche où vous le souhaitez. Épingler puis piquer à la machine à 1 cm du bord.

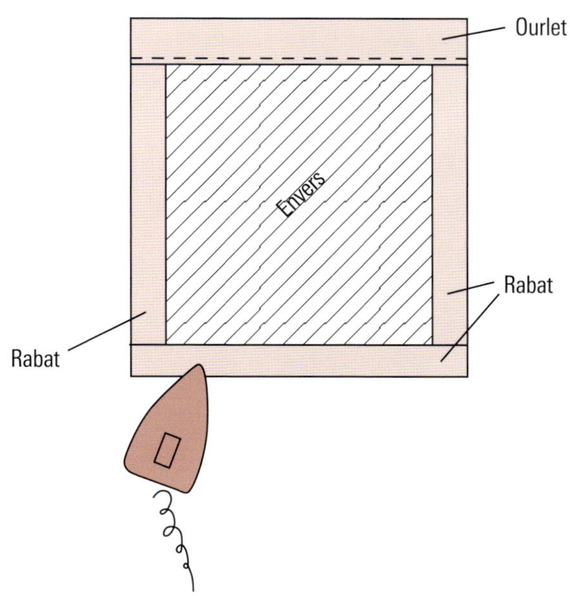

Maintenant, amusez-vous à ajouter des poches partout : des petites, des grandes, de toutes les couleurs. Habillez-les de lettres au pochoir ou de boutons.

De A à Z

Fournitures

- 80 x 130 cm de toile de bâche écrue
- 50 cm dans 5 coloris de cotonnades beige, gris...
- 50 cm de coutil
- 50 cm de toile à beurre
- Coton perlé DMC n° 5 : 1 éch. rouge 349, beige 3023 et écru
- Fil à coudre beige DMC
- 5 œillets dorés Prym de 14 mm de diamètre
- Peinture pour tissu rouge brique (en mélangeant du rouge avec un peu de blanc et de brun)
- Pochoirs lettre de 7 cm de haut
- Règle
- Crayon

Réalisation

Dans les cotonnades, le coutil et la toile à beurre, couper 26 carrés de 18 cm de côté. Surfiler puis bâtir tout autour un rentré de 1 cm. Les positionner sur la toile pour choisir leur disposition puis peindre les lettres dans l'ordre de l'alphabet en vous servant des schémas p. 74 et 75. Poser le pochoir au centre de chaque carré de tissu appuyé sur un buvard. Laisser sécher. Repasser pour fixer la couleur.
Dans la toile de bâche couper un panneau de 73 x 123,5 cm. Surfiler les bords. Plier 1,5 cm vers l'envers tout autour. Surpiquer à la main à grands points rouges. Épingler les carrés sur la toile à 5 cm du haut et 3 cm des bords (côtés et bas). Coudre à grands points en variant les couleurs de fil : piquer dans les 2 épaisseurs du carré en haut, dans le carré et la toile sur les 3 autres côtés pour former une poche. Poser les œillets. Enlever les bâtis. Repasser. Accrocher avec des rubans noués, passés dans les œillets.

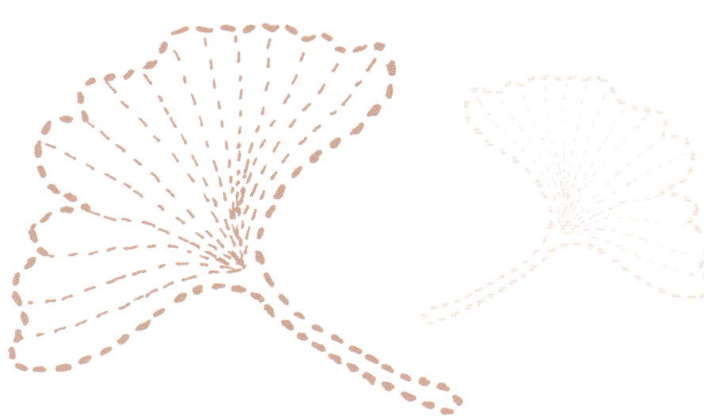

Monsieur
ETOURDI

De A à Z *(suite)*

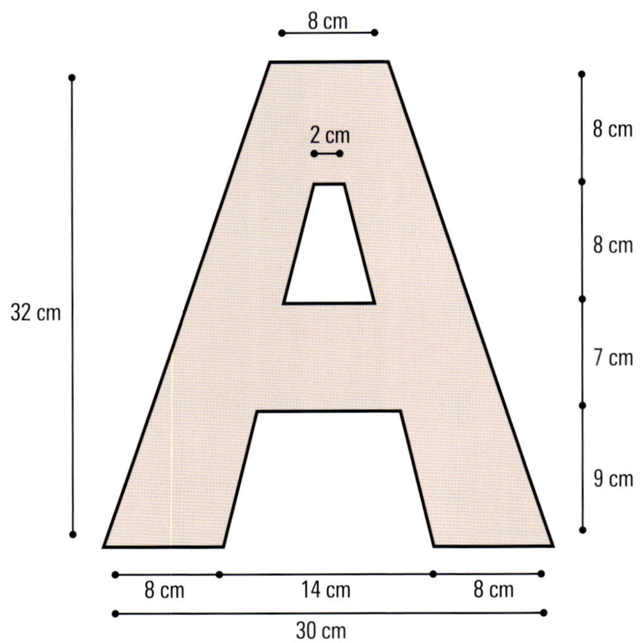
8 cm
2 cm
32 cm
8 cm
8 cm
7 cm
9 cm
8 cm
14 cm
8 cm
30 cm

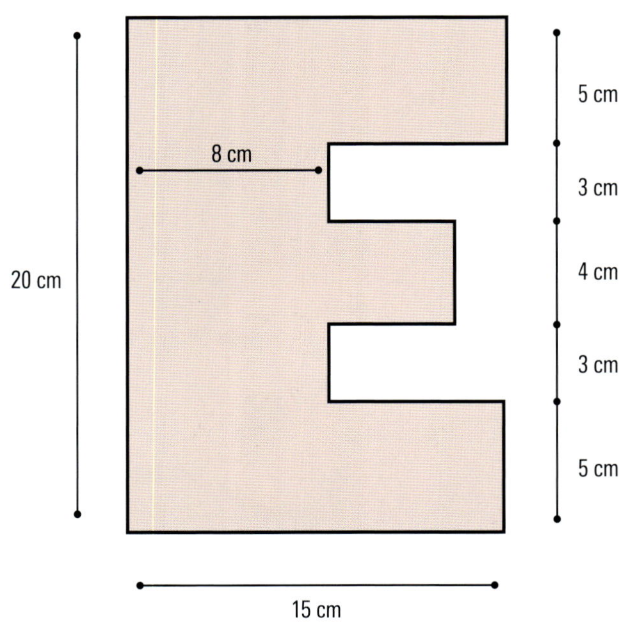
8 cm
20 cm
5 cm
3 cm
4 cm
3 cm
5 cm
15 cm

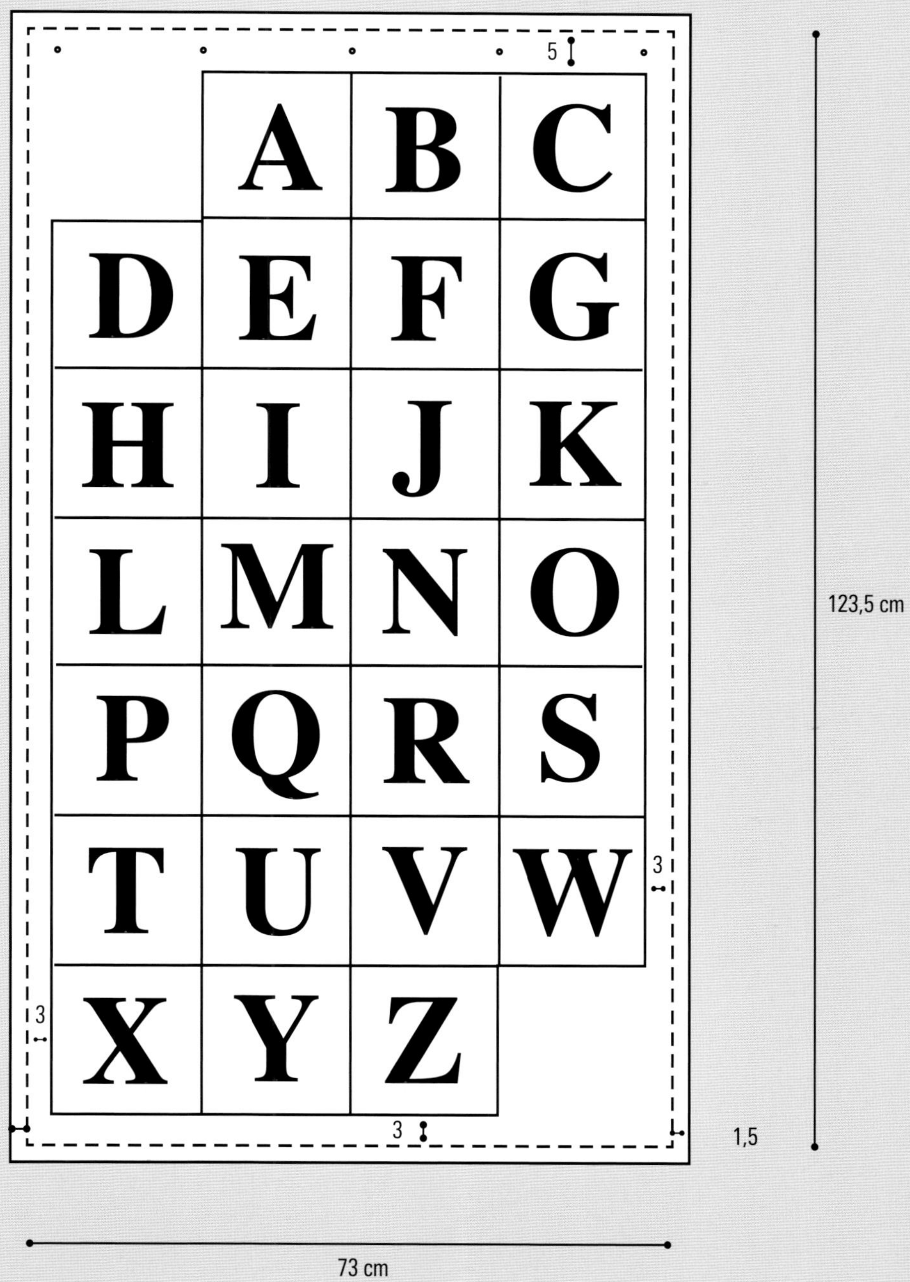
A B C
D E F G
H I J K
L M N O
P Q R S
T U V W
X Y Z
5
3
3
3
1,5
123,5 cm
73 cm

Le porte-revues

Fournitures

- Contreplaqué de 8 mm : 30 x 30 cm (A) et 30 x 40 cm (B)
- 4 petites équerres de 4 cm
- 8 vis à bois 3,5 x 12
- Scie sauteuse
- Perceuse
- Papier de verre
- Peinture acrylique blanche et pigments ombre naturelle
- 65 cm de lin foncé en 150 cm de large
- 25 cm de tissu rayé
- 6 cm de sangle de 1 cm de large
- Fil à coudre assorti

Réalisation

Faire couper 1 plaque de contreplaqué de 8 mm d'épaisseur de 30 x 40 cm (B). Faire couper une deuxième plaque de 30 x 30 cm pour la base (A) . En suivant le schéma 1 (p. 79), évider la poignée dans B. Poncer les bords. Fixer B verticalement au milieu de A en posant 2 équerres sur chaque face. Peindre en taupe (blanc + pigments). Laisser sécher.

Dans le tissu rayé, couper un morceau de 22 x 32 cm et 2 morceaux de 16 x 22 cm (poches). Dans le lin, couper deux morceaux de 32 x 145 cm.

Poser les 2 morceaux de lin endroit contre endroit, piquer les longueurs à 1 cm. Retourner. Repasser. Rentrer les extrémités vers l'intérieur sur 1 cm. Faire une double piqûre sur chaque rentré.

Piquer le rectangle de tissu rayé juste au milieu en pliant un rentré de 1 cm tout autour. Poser le tissu sur la structure en bois, dessiner l'emplacement de la poignée de chaque côté.

DES IDÉES
PLEIN LA MAISON

Le porte-revues *(suite)*

Ouvrir toutes les épaisseurs (schéma 2, p. 79), rabattre le tissu vers l'intérieur. Border le tour au point de bourdon.

Repasser un rentré de 1 cm sur 3 côtés des poches rayées, de 1 cm puis de 3 cm en haut. Piquer l'ourlet, puis piquer les poches à 5 cm des extrémités de la bande de lin, sur la face opposée à celle qui a la bande centrale, ouverture vers l'extrémité.

Pour former l'épaisseur des grandes poches, couper 4 morceaux de lin de 15 x 28 cm. Plier endroit contre endroit. Piquer la longueur, retourner. Repasser en rentrant 1 cm vers l'intérieur à chaque extrémité. Piquer 1 fois à une extrémité, 2 fois à l'autre. Piquer une bande sur chaque bord de chaque extrémité. Rabattre l'extrémité sur la bande pour piquer l'autre bord et le bas. On obtient 2 « sacoches ».

Couper 2 petits morceaux de sangle de 3 cm. Les coudre juste au-dessus des sacoches pour relier les 2 faces de l'habillage et éviter qu'elles ne s'écartent sous le poids des journaux. Placer le tissu sur la structure.

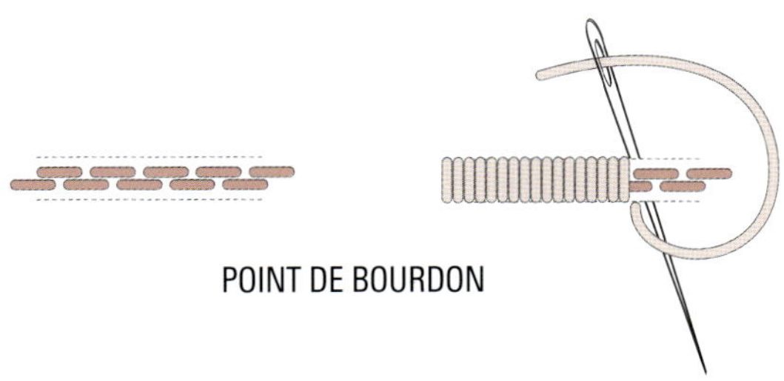

POINT DE BOURDON

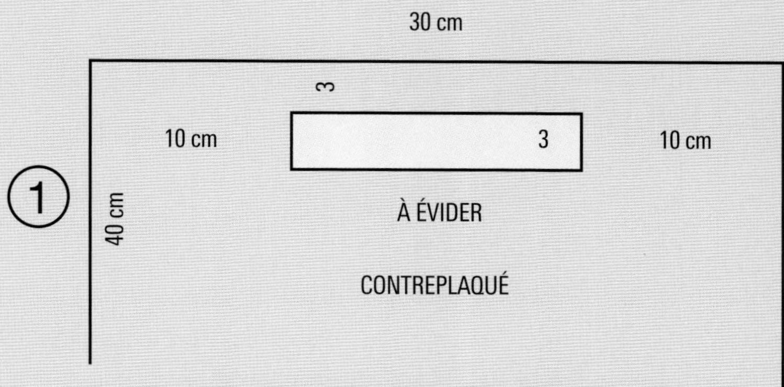

OUVRIR LA POIGNÉE DANS LE CONTREPLAQUÉ

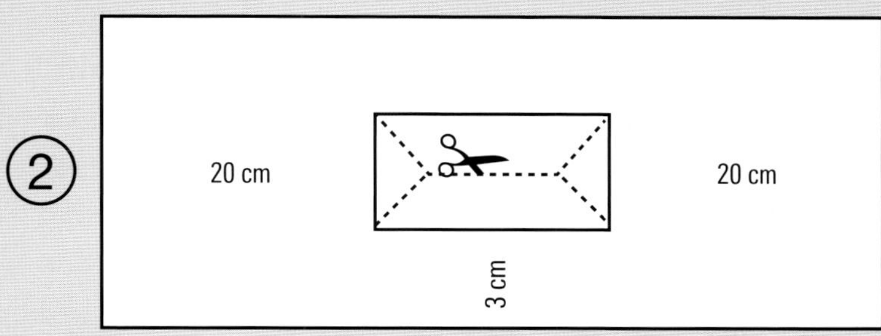

OUVRIR LA POIGNÉE DANS LE TISSU

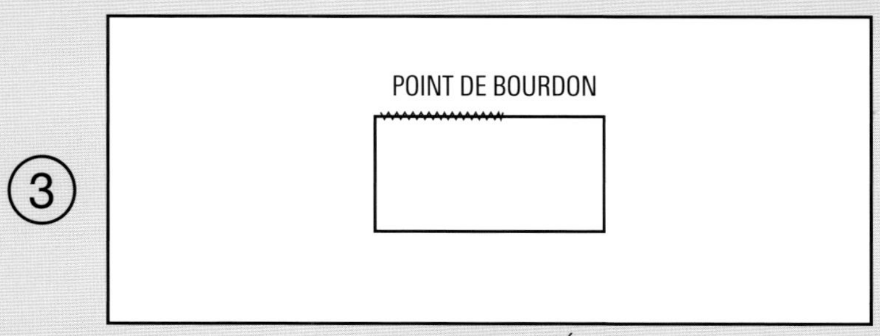

BRODER LA POIGNÉE

Housse de commode trompe-l'œil

Fournitures

Pour une commode de 60 cm de profondeur x 100 cm de largeur et 90 cm de hauteur :

- 250 cm de toile de coton épais en 240 cm de large, couleur écrue
- Fil de coton écru
- 10 anneaux plastiques de store
- 2 m de cordelette écrue de 1 cm de diamètre
- Marqueur à textile noir
- Feutre à textile soluble à l'eau
- Machine à coudre
- Boîte à couture
- Fer à repasser

Réalisation

Mesurer la commode et adapter les mesures si besoin. Couper dans la toile un rectangle de 62 x 102 cm pour le dessus. Couper 2 rectangles de 62 x 94 cm pour les côtés. Couper 2 rectangles de 94 x 102 cm pour le devant et le fond de la commode.
Sur un rectangle de 94 x 102 cm, surfiler les 4 côtés. Rabattre 1 cm vers l'intérieur de chaque petit côté. Piquer à 0,5 cm pour maintenir l'ourlet. Reproduire le modèle du dessin de la commode. Pour cela, agrandir le modèle à taille réelle au photocopieur, puis le découper. Ainsi vous aurez la forme de la commode. Plaquer la forme sur le rectangle et dessiner les contours. Couper les tiroirs du modèle papier et les plaquer sur le dessin. Vous aurez petit à petit le dessin de la commode. Dessiner au feutre à textile soluble à l'eau. Une fois le dessin terminé, s'il vous convient, redessiner au feutre à textile noir. Repasser pour fixer la couleur. Tremper rapidement dans l'eau pour retirer le feutre à textile. Laisser sécher. Les plus agiles en dessin peuvent dessiner la commode à main levée. Coudre au dos, sur les ourlets de côté, un anneau tous les 15 cm.

Assemblage

Assembler le haut et les côtés par les côtés de 62 cm, endroit contre endroit. Piquer à 1 cm du bord. Repasser en ouvrant les coutures. Assembler, endroit contre endroit, le haut et le fond, et le haut et le devant par les grands côtés de 102 cm. Piquer à 1 cm du bord. Repasser en ouvrant les coutures. Assembler les côtés et le fond par les côtés de 94 cm. Piquer à 1 cm du bord. Repasser en ouvrant les coutures. Couper la cordelette en 2 longueurs égales. Passer une cordelette dans les anneaux de côtés. Nouer en haut et en bas. Pour ouvrir la commode, tirer sur les cordons du haut. Repasser en ouvrant les coutures.

Housses format valise

Dimensions

Grande housse : 50 x 63 cm, 33 cm d'épaisseur ; housse moyenne : 45 x 60 cm, 29 cm d'épaisseur ; petite housse : 40 x 50 cm, 15 cm d'épaisseur

Fournitures

- Grande housse : 2,20 m de tissu à carreaux en 1,40 m de large
- Housse moyenne : 1,20 m de tissu jeans en 1,50 m de large
- Petite housse : 1 m de cotonnade fleurie en 1,50 m de large
- Fil assorti
- 2 fermetures à glissière de 65 cm pour la grande housse et la housse moyenne
- 2 fermetures à glissière de 55 cm pour la petite housse

Réalisation

Couper 2 rectangles de 53 x 69 cm pour le dessus et le dessous, 2 rectangles de 39 x 53 cm et 2 rectangles de 39 x 69 cm pour les côtés. Surfiler le tour de chaque pièce. Repasser un rentré de 1,5 cm autour de chaque morceau.

Piquer les côtés les uns au bout des autres à la largeur du pied-de-biche, envers contre envers, en alternant les longueurs. Piquer les côtés au-dessous de la même façon. Piquer les côtés au-dessus sur un bord de 69 cm et sur 13 cm de chaque hauteur. Laisser le reste ouvert pour poser les 2 fermetures à glissière de 65 cm, tête contre tête, au milieu du grand côté.

Pour la poignée, couper un rectangle de 13,5 x 28 cm. Plier un rentré sur une longueur, puis plier en 3 pour obtenir un rectangle de 4 x 28 cm. Piquer chaque longueur. Plier les extrémités de la poignée, puis épingler au milieu du grand côté, à l'aplomb de la tête des glissières. Piquer les extrémités de la poignée en croix.

Panier à linge

Fournitures

- Manches à balai de 25 mm de diamètre: une longueur de 68 cm
  et une autre de 64 cm
- Tasseau de 20 x 32 mm : 4 longueurs de 90 cm, une de 68 cm, une de 64 cm
- Tourillon de 8 mm de diamètre:
  3 longueurs de 19 cm
- Médium : 3 rectangles de 20 x 40 cm
- 8 vis à aggloméré (3,5 x 40 mm)
- 2 boulons à tête plate (5 x 50 mm) avec rondelle et écrou
- 3 m de toile de lin
- 1,30 m d'auto-agrippant
- Feutre à tissu
- 4 m de tissu en 140 cm de large
- Boîte à couture
- Machine à coudre
- Feutre marqueur à textile noir

Réalisation

Montage du panier : percer un trou au centre de chaque tasseau, à 2,5 cm de chaque extrémité. Les tasseaux forment les X des côtés. Visser les manches à balai entre les tasseaux de 90 cm, en haut. Visser les tasseaux de 64 et 68 cm en bas. Percer le milieu de chaque tasseau de 90 cm et les assembler en X avec les boulons en plaçant les tasseaux avec les barres de 68 cm à l'extérieur.

Confectionner les sacs à linge : en suivant les schémas (p. 86-87), couper les morceaux nécessaires pour chaque sac. Toutes les coutures sont faites endroit contre endroit à 1 cm des bords. Assembler l'un au bout de l'autre E + B + D + A. Fermer en rond. Piquer autour du fond F. Ourler le haut. Le haut de A et B sera plié autour des montants pour maintenir le sac en place. Piquer une partie de l'auto-agrippant au bord de A et B, sur l'envers. Piquer l'autre partie, toujours sur l'envers, au niveau du haut de D et E. Le rectangle C va servir de couvercle. Piquer un rentré tout autour. À une extrémité, plier puis piquer un rentré de 3,5 m. Glisser une baguette de 19 cm à l'intérieur. Fermer les extrémités. Dessiner le motif à 32 cm de ce rabat avec le feutre marqueur pour textile noir. Installer le sac sur le support. Marquer la pliure du tissu puis enlever le sac du support pour piquer le couvercle, sur l'endroit, 1 cm en dessous de la pliure. Ourler les deux bandes de 1 m. Coudre un morceau d'auto-agrippant à chaque extrémité puis fermer ces bandes autour des montants inférieurs pour bloquer la structure.

Astuce : attribuer une couleur à chaque température et marquer les étiquettes des vêtements, au feutre à tissu, d'un point de la même couleur. Les enfants pourront trier leur linge.

30°C
40°C

Panier à linge *(suite)*

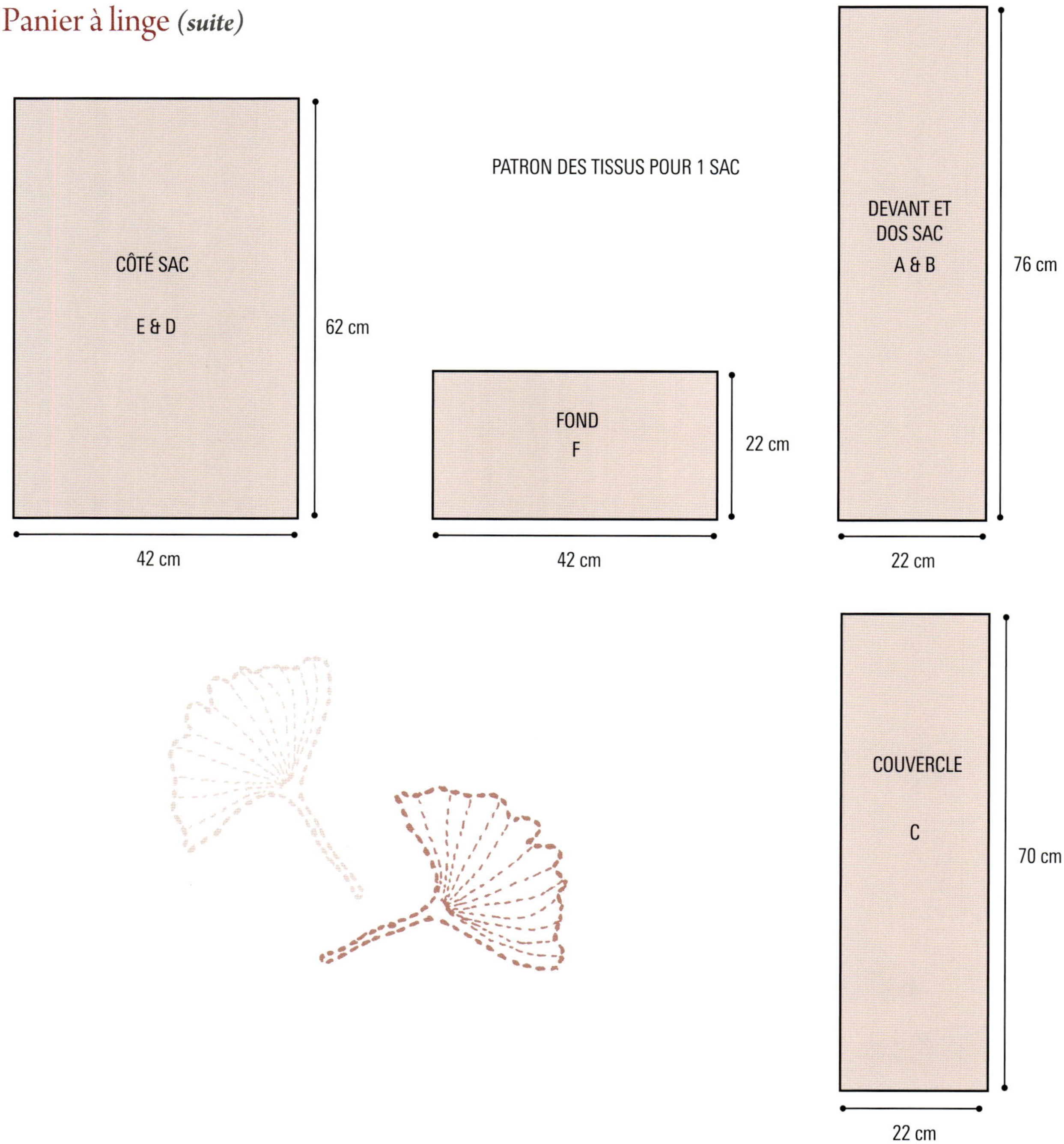

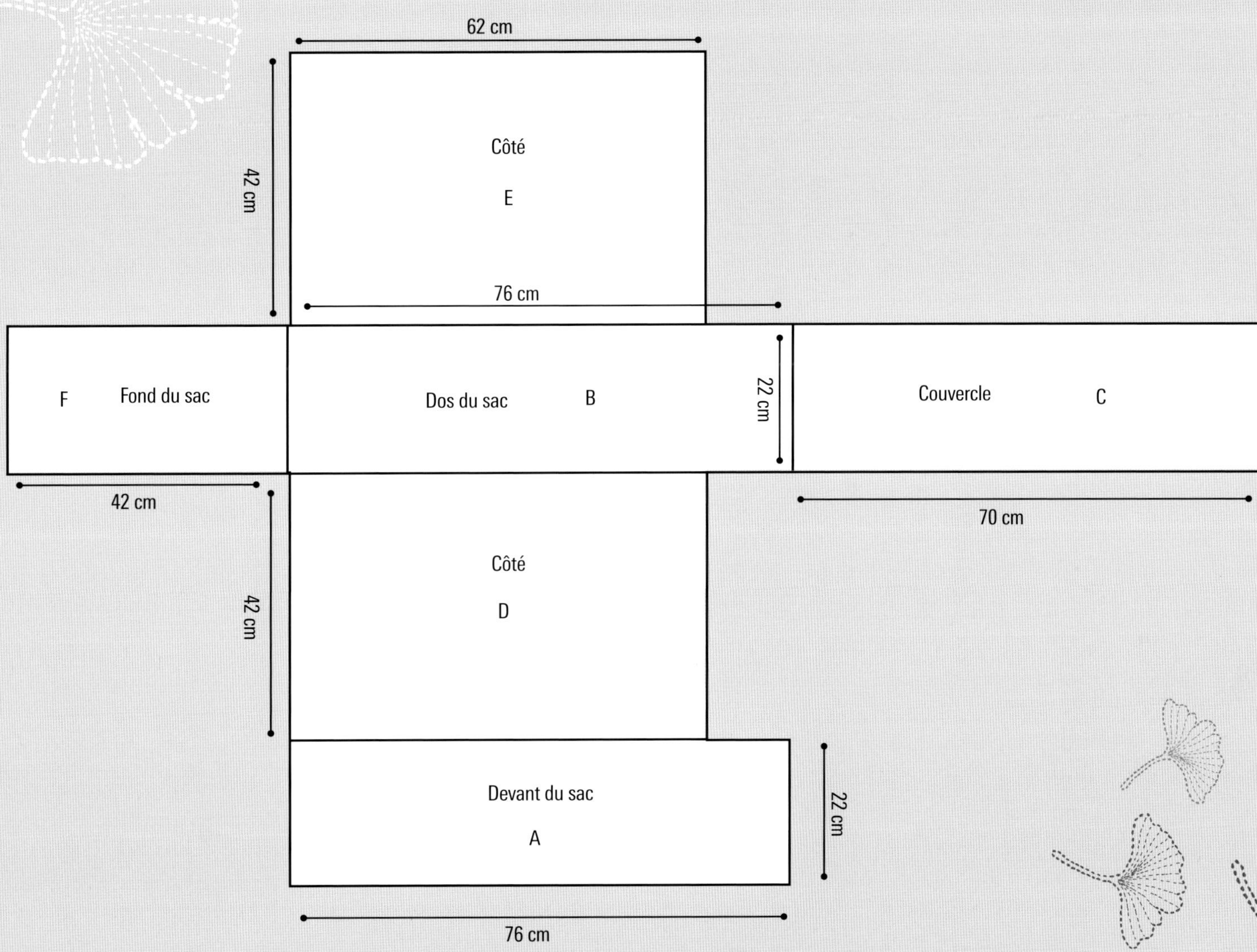
62 cm
Côté
E
42 cm
76 cm
F
Fond du sac
Dos du sac
B
22 cm
Couvercle
C
42 cm
70 cm
Côté
D
42 cm
Devant du sac
A
22 cm
76 cm

Armoire transparente

Fournitures

- 1 porte-serviettes pliant en bois
- Contreplaqué de 10 mm
- Tasseaux de 10 x 20 mm
- Colle à bois
- Voile de coton ou autre tissu léger de 2 m en 140 cm de large environ
- Fil assorti
- Petit matériel de bricolage
- Scie
- Machine à coudre
- Boîte à couture

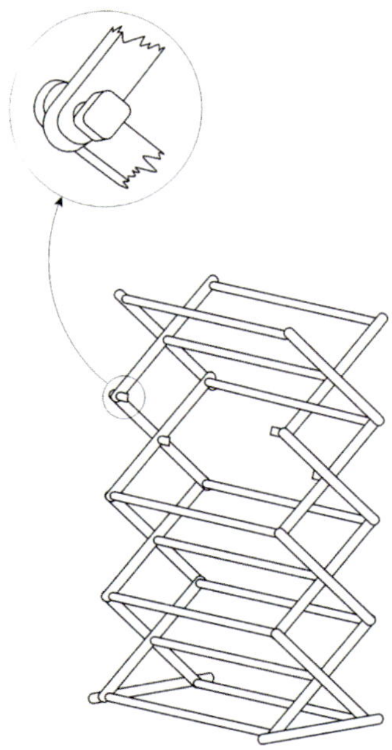

Réalisation

Monter le porte-serviettes. Préparer le dessus : prendre les mesures extérieures du haut du séchoir. Couper un contreplaqué en ajoutant 2 cm à chaque mesure. Coller des tasseaux en dessous pour que ce couvercle s'encastre sur le haut. Réaliser de la même façon 2 étagères en prenant les mesures intérieures, ajouter 2 cm uniquement sur la largeur et coller les tasseaux sur l'avant et l'arrière pour les empêcher de glisser.
Pour dégager l'espace penderie, scier l'avant-dernier barreau sur l'avant et au milieu. Coller des petits morceaux de tasseau sur les coupes pour que le séchoir ne se déboîte pas (voir schéma). Couper les barreaux récupérés pour faire des petits portemanteaux en vissant un crochet au milieu.
Pour habiller le meuble : couper un rectangle de tissu de la hauteur du meuble et dont la largeur est suffisante pour couvrir les 2 côtés et l'arrière. Couper un morceau aux dimensions du dessus et pour la porte un autre aux dimensions de l'avant. Ajouter coutures et ourlet à chaque morceau.
Ourler les hauteurs de la porte et de la tour. Dans les chutes, couper 2 bandes de 4 x 100 cm qui maintiendront la porte relevée. Plier un rabat de 1 cm vers l'envers, sur chaque bord et sur toute la longueur. Plier en 2 envers contre envers. Piquer. Épingler le milieu au bord du dessus espacés de 25 cm. Épingler le tour endroit contre endroit sur 3 côtés du dessus, la porte sur le 4e en veillant à ce que la moitié des liens pende de chaque côté. Piquer. Ourler le bas. Enfiler sur le porte-serviettes. Rouler la porte et nouer les liens. Habiller les étagères de tissu collé.

Housse machine à coudre

Fournitures

- 1 m de cotonnade rayée
- 1 m de toile thermocollante
- Fil à coudre pour coutures solides
- Peinture acrylique jaune d'or, rouge cadium et blanc titane
- Papier calque
- Carbone à tissu
- Fer à repasser

Réalisation

Préparer le patron de la housse en adaptant les mesures du schéma (p. 92) à celles de la machine à habiller.

Couper le tissu rayé le nombre de fois indiqué en ajoutant 1 cm tout autour, 3 cm en bas pour l'ourlet. Appliquer de la toile thermocollante sur l'envers de chaque pièce au fer à repasser tiède. Décalquer les pâquerettes à grandeur. À l'aide du carbone, les reporter sur le tissu en semis plus dense vers le bas, plus léger vers le haut.

Peindre les pâquerettes : la base des cœurs en jaune + une pointe de rouge. Donner de la lumière avec une touche de jaune + blanc. Ajouter les pétales en blanc avec extrémité en rose ou les pétales en rose avec extrémité en rose plus foncé. Repasser pour fixer la couleur. Fendre l'ouverture de la poignée juste au milieu pour terminer les extrémités en triangles.

Rabattre le tissu vers l'envers et piquer tout autour de la poignée à 2 mm. Piquer les faces endroit contre endroit du dessus. Ouvrir les coutures au fer. Incruster les côtés entre les faces. Ourler le bas.

38
42
46

Housse machine à coudre *(suite)*

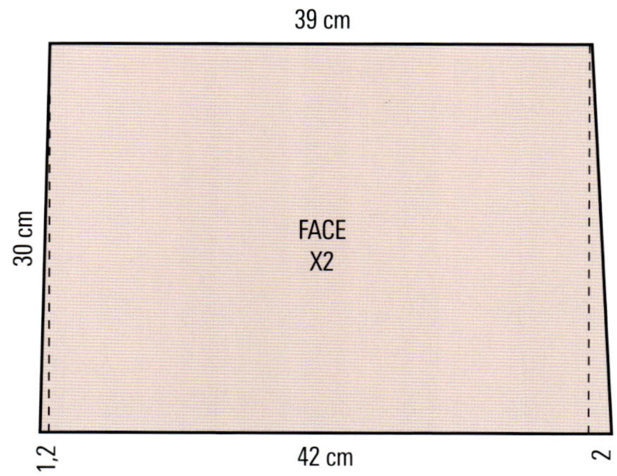

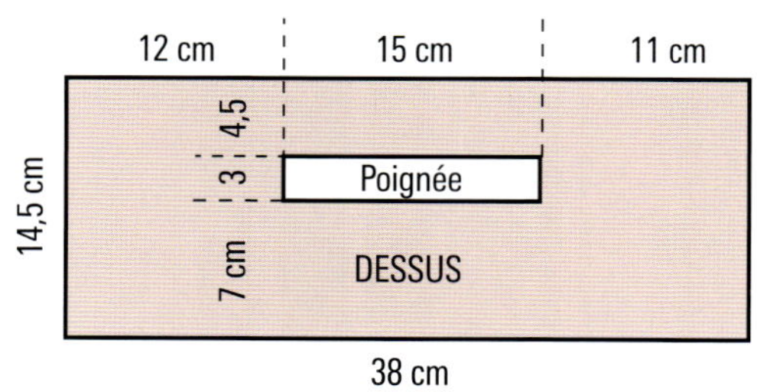

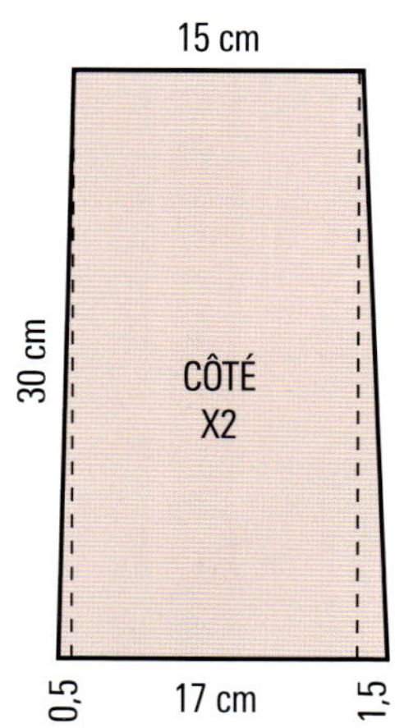

5 cm

Les objets déco

Je fais un objet en volume

Créer un objet en volume en couture est plus inhabituel, mais peut être utile.
Vous pourrez ainsi créer des jouets, des doudous mais aussi des pampilles de sapins de Noël et des objets de décoration un peu décalés, des animaux, des têtes de massacres, etc. Tout de suite, votre décoration prendra elle aussi du… volume !

Le volume vient de 2 choses : une forme créée puis ensuite rembourrée. C'est le principe du coussin. Cette méthode vous permet déjà de créer des doudous plats, des coussins originaux ou des petites décos pour les tables basses.
- **Couper la même forme 2 fois** dans les tissus de votre choix. L'assembler endroit contre endroit, la retourner et la rembourrer. Ajouter à la main des petits détails qui vous amusent, voire dessiner dessus.

• Pour créer un plus beau volume, c'est un peu plus compliqué. Il faut souvent avoir recours à un patron papier. Ce ne sont plus 2, mais plusieurs pièces de tissus assemblées entre elles. Il faut penser l'objet en 3 dimensions.
- **Faire un patron papier.** Couper les formes dans un papier. Coller les formes entre elles avec du ruban adhésif pour arriver à la forme souhaitée. Cela demande souvent des réajustements. Toutes les longueurs qui se touchent doivent avoir la même mesure.
- Une fois la forme souhaitée obtenue, **couper les rubans adhésifs.** Noter le nom des pièces au fur et à mesure sur le patron papier.
- **Poser le tissu** choisi à l'envers sur une table.
- **Poser les pièces** sur l'envers du tissu. Espacer les pièces de 3 cm au minimum. Épingler les pièces au tissu.
- **Dessiner** sur le tissu, au feutre à textile, la forme de la pièce en ajoutant 1 cm à chaque côté. Cela vous servira de marge de couture.

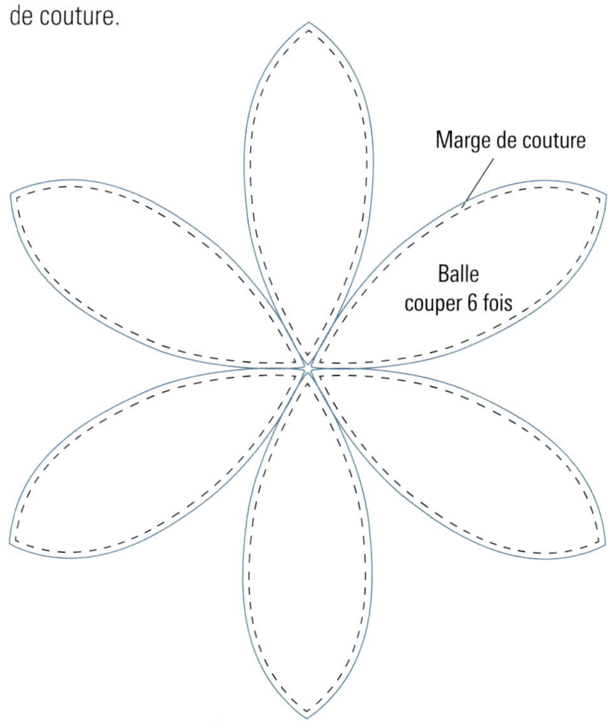

Les 6 morceaux d'une balle

- **Couper** les pièces sur le dessin à 1 cm.
- **Assembler** les pièces entre elles. Bâtir l'objet. Piquer les pièces à la machine sur le fil bâti à 1 cm du bord. Laisser tout de même 5 à 10 cm selon la taille de votre création d'ouverture. Cranter les angles et les arrondis. Cette étape est importante : elle donne de la souplesse au tissu et aux coutures.

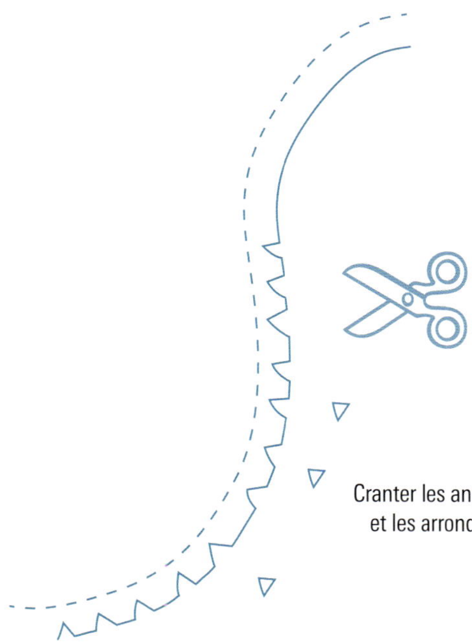

Cranter les angles et les arrondis

- **Retourner** l'objet sur l'endroit.
- **Rembourrer.** Fermer l'ouverture à petits points invisibles.

Point sur…
les astuces de grands-mères

Nos grands-mères étaient astucieuses. Elles conservaient beaucoup de petites choses. Elles les stockaient par thèmes : boutons, rubans, chutes de tissus, fils à broder ou à coudre. Tout était gardé essentiellement par soucis d'économie, mais tout pouvait éventuellement servir un jour.

Elles gardaient aussi des morceaux de tissus avec des broderies, des jours : elles les repiquaient ensuite sur d'autres objets. Ainsi, vous pouvez créer des serviettes de table étonnantes en y ajoutant les jours de draps anciens.

Nos grands-mères entretenaient beaucoup leurs outils. Quand leur paire de ciseaux était rouillée, elles la frottaient avec un papier de verre fin. La rouille empêche de couper et tache les textiles.

Elles entretenaient leur fer. N'oubliez pas de toujours débrancher un appareil électrique avant de vous lancer dans l'entretien, la vérification ou la réparation.
Elles nettoyaient les reversoirs avec du vinaigre blanc, frottaient les semelles des fers avec du bicarbonate de soude. Rincez toujours abondamment et commencez par utiliser le fer avec un chiffon.
Il est néanmoins déconseillé par certaines marques d'entretenir les centrales vapeur avec du vinaigre blanc.
Elles avaient en outre des « petits trucs » de fabrication.

La mienne n'utilisait jamais de fil bâti. Elle prenait le même fil de coton que pour la couture de l'ouvrage. Le fil de bâti déteint. Or, quand vous avez cousu un ouvrage et que vous n'avez pas réussi à retirer tous les fils de bâti après la couture machine, il est dommage d'avoir des petites taches sur votre ouvrage.

Pour enfiler une aiguille, coupez net le fil. Humidifiez-le légèrement si vous le souhaitez. C'est l'aiguille qui passe autour du fil. La main qui tient l'aiguille se déplace et non le contraire. C'est plus facile.

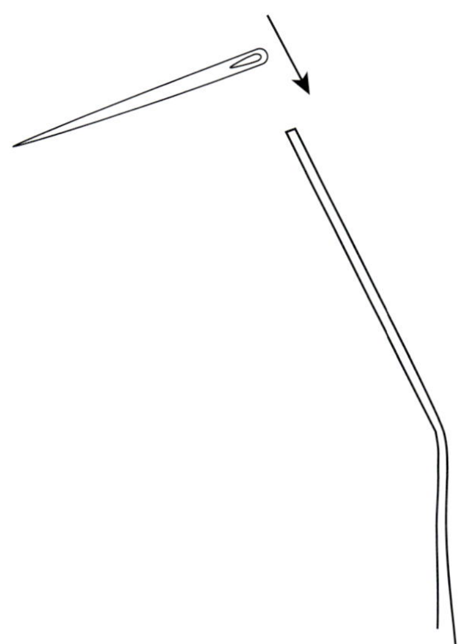

Nos grands-mères utilisaient beaucoup des enfile-aiguilles en métal. Ne pas s'énerver, se faciliter la vie !

Quand elles n'avaient pas de fer vapeur ou de centrale, elles humidifiaient un chiffon propre, le posaient sur les textiles délicats comme la laine ou la soie et repassaient ainsi avec ce que l'on appelle une « pattemouille ».
Pour repasser rapidement et ne pas avoir à sortir la table à repasser, elles superposaient des épaisseurs de serviettes éponge. Mais cela risque d'abîmer le vernis des tables en bois. À n'utiliser en aucun cas avec une centrale vapeur chauffant beaucoup !
Quand elles reprisaient ou ajoutaient une pièce, pour éviter de coudre malencontreusement 2 épaisseurs ensemble, elles glissaient un carton entre les 2 épaisseurs. Malin !

Pour glisser un ruban ou un élastique dans une coulisse, elles utilisaient une épingle à nourrice. L'épingle en métal glisse facilement et entraîne l'élastique ou le cordon.

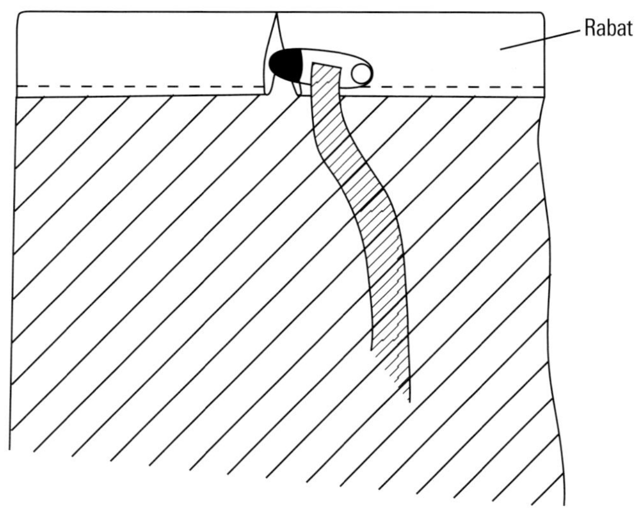

La coulisse

Cale-portes

Fournitures

- Boîtes en carton de tailles différentes
- 1 m en 90 cm de feutrine (selon la taille des boîtes)
- Plâtre
- Colle blanche
- 1 éch. de coton perlé de couleur contrastée
- Ciseaux
- Sacs en plastique hermétiques
- Ciseaux cranteurs
- 1 grande aiguille à bout pointu

Réalisation

Récupérer des petites boîtes en carton. Découper des morceaux de feutrine aux dimensions des 6 côtés des cartons en ajoutant 3 à 5 mm tout autour. Recouper certaines faces aux ciseaux cranteurs. Disposer un sac plastique à l'intérieur du carton en épousant bien les contours. Préparer du plâtre en mélangeant le plâtre et l'eau. Remplir de plâtre jusqu'au sommet du plastique. Laisser sécher en gardant le sac ouvert. Fermer le sac et le carton.

Recouvrir la boîte en carton de feutrine : enduire un côté de colle, appliquer la feutrine en chassant les bulles. Passer au côté suivant. Réunir les bords à grands points.

Découper des chiffres dans de la feutrine d'une autre couleur. Les coller sur un côté.

La poignée est un long rectangle de feutrine dont les extrémités sont collées sur le dessus du carton déjà recouvert.

2 KG
10
KG

Abat-jour souligné de croquet

Fournitures

- 1 carcasse d'abat-jour recouverte de lin naturel
- 1 m de gros croquet de coton en 2,5 cm de large écru
- 50 cm de croquet de coton en 1,5 cm de large écru
- 75 cm (par lettre) de fin croquet de coton en 1 cm de large écru
- Ciseaux
- Fil à coudre main écru
- 1 règle graduée
- 1 crayon à papier
- Papier carbone spécial broderie
- Colle à tissu

Réalisation

Choisir un joli abat-jour recouvert de tissu lin naturel. Coudre à la main le gros croquet sur le bord inférieur de l'abat-jour, en fixant juste la rangée supérieure des dents de façon à obtenir un feston ajouré. Répéter la même opération pour le haut de l'abat-jour avec le croquet en 1,5 cm.

S'entraîner à tracer de jolies majuscules sur une feuille. Vous pouvez aussi les décalquer dans un livre ou trouver un modèle sur Internet. Au papier carbone, relever le dessin du monogramme que vous avez choisi. Faire votre dessin d'une seule traite pour éviter les bavures, le reporter sur l'abat-jour. Coudre le petit croquet en 1 cm de large sur le tracé, dent par dent. Travailler le plus proprement possible, car dès qu'on allume la lampe, toutes les taches apparaissent.

Ensemble en laine

Fournitures

- Drap de laine épais col. Bordeaux
- Fil de lin
- 3 boutons « boules tressées » en lin
- 1 bouton de nacre
- 1 pompon bordeaux
- Aiguille à grand chas
- Carton ondulé noir 142 x 207 mm (rainures horizontales)
- Crayon
- Règle
- Crayon blanc
- Ciseaux

Réalisation

L'étui à lunettes :

Dessiner le patron selon le schéma (p. 107) et le découper. Poser le patron sur le drap de laine et tracer la forme au crayon blanc. Découper la forme et faire les deux incisions.

Placer A sur A' et épingler les bords du tissu envers contre envers. Prendre une aiguillée de 30 cm de fil de lin et faire un nœud au bout. Passer l'aiguille d'arrière en avant, entre les deux épaisseurs de tissu, en la faisant ressortir sur la face avant. Tirer sur le fil pour que le nœud soit caché entre les épaisseurs de tissu. Commencer la couture en haut, en cachant le nœud entre les 2 épaisseurs du tissu. Si votre aiguillée est trop courte, changez de fil lorsque le tissu est double pour cacher les nœuds.

Broder au point de feston : repasser l'aiguille d'arrière en avant au même endroit mais en prenant les deux épaisseurs de tissu cette fois-ci. Ne pas tirer complètement le fil pour laisser une boucle sur le dessus. Faire le point suivant de la même manière, 6 mm plus loin, mais en passant l'aiguille dans la boucle du premier point avant de piquer derrière le tissu. Coudre ainsi les deux épaisseurs de tissu. Rentrer les angles du bas vers l'intérieur, puis continuer les points de feston autour du rabat seul. Terminer par un nœud caché à l'intérieur.

Découper le carton et le rainurer pour l'assouplir. Les ondulations sont perpendiculaires aux rainures.

Découper, plier et glisser le carton dans l'étui. Fermer le rabat de l'étui, coudre les 3 boutons « boules tressées ». Faire une boucle avec le fil de lin sur le rabat.

Ensemble en laine *(suite)*

La couverture du livre :

Dans le drap de laine, découper un rectangle qui mesure : en hauteur, la hauteur du livre + 1,5 cm, en longueur, 3 fois la largeur du livre + l'épaisseur + 2 cm. Replier les deux rabats qui mesurent chacun la moitié de la largeur du livre et les épingler. Puis arrondir un peu les angles. Coudre au point de feston tout autour de la couverture. À mi-hauteur du dos de la couverture, faire une boucle de 17 cm. Coudre le bouton de nacre sur la face avant de la couverture, à 5 cm du bord.

Le marque-page :

Dans le drap de laine, découper un rectangle de 5 x 17 cm. Arrondir les angles. Border tout le tour au point de feston, en commençant par le milieu d'une extrémité en laissant dépasser 15 cm de fil au départ. Intégrer le pompon dans la couture au milieu de l'extrémité opposée. Terminer la couture par un nœud et couper le fil 15 cm plus loin. Nouer les extrémités des fils, les glisser dans la couture du rabat arrière de la couverture, en haut et bien à l'intérieur pour cacher le nœud. Le marque-page se place à 9 cm de l'entrée du rabat. Lorsqu'il est dans le livre, le pompon est juste en bas des pages.

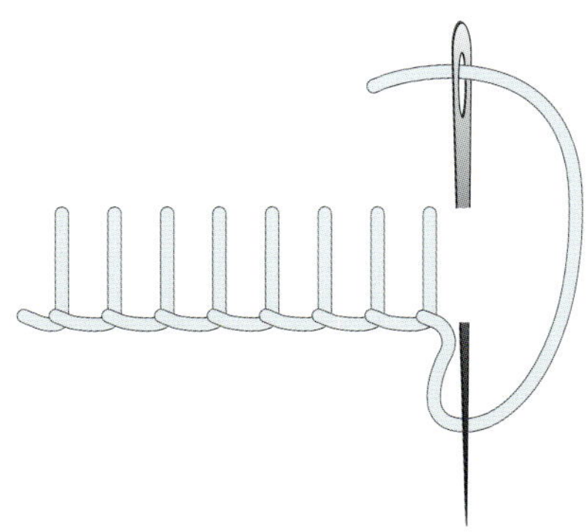

Point de feston espacé

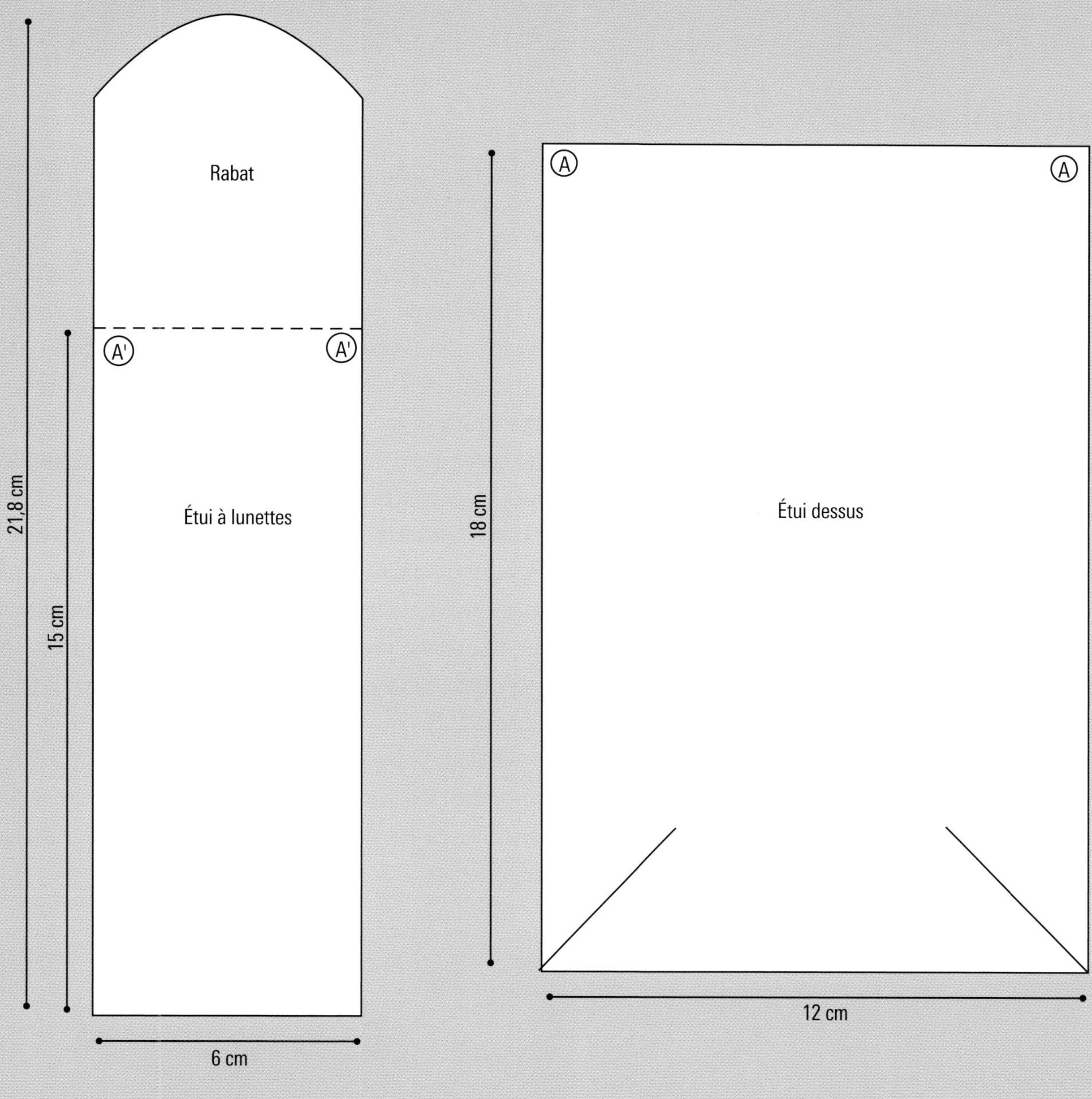

Rabat
A'
A'
Étui à lunettes
21,8 cm
15 cm
6 cm
A
A
Étui dessus
18 cm
12 cm

Chien bleu

Dimensions

Longueur : environ 100 cm

Fournitures

- 100 x 140 cm de tissu imprimé pour l'extérieur du chien
- 1 chute de cotonnade unie pour le museau
- Chutes de cotonnades à carreaux pour les oreilles et les bandes du corps
- Bourrage synthétique
- Lavande
- Fil à coudre
- Machine à coudre
- Boîte à couture

Réalisation

Reproduire les patrons à grandeur (p. 111). Épingler les pièces sur les tissus imprimés. Couper à 1 cm des bords : 2 corps, 4 pattes avant, 2 pattes arrière entières et 2 pattes arrière intérieures. Couper dans le tissu à carreaux : 4 oreilles, 1 bande de 8 x 170 cm (A), 2 bandes de 5 x 95 cm (B) pour les pattes avant et 2 de 5 x 115 cm (C) pour les pattes arrière.

Piquer les oreilles 2 par 2, endroit contre endroit, en laissant le haut ouvert. Retourner. Épingler une oreille en haut de chaque tête.

Épingler, puis piquer A, endroit contre endroit, autour d'une face du chien, en faisant varier sa largeur selon l'emplacement : la bande commence en pointe sur la nuque pour avoir la largeur maximum sur le dessus et autour de la tête, se rétrécir un peu au niveau du cou, puis reprendre sa largeur sous le ventre et finir en mourant sous la queue. A va donc de la nuque au dessous de la queue en suivant la tête, puis le ventre (voir schéma p. 111).

Faire le même travail avec l'autre face du corps.

Piquer les 2 corps, endroit contre endroit, sur le dos et autour de la queue en laissant une ouverture au milieu du dos. Retourner. Remplir de bourrage synthétique et de lavande. Fermer l'ouverture.

Chien bleu *(suite)*

Piquer B, endroit contre endroit, entre les pattes avant en laissant une ouverture, puis C entre une patte arrière entière et une patte arrière intérieure. Le haut de la patte arrière n'a qu'une épaisseur de tissu. Retourner. Remplir de bourrage.
Coudre solidement les pattes avant sur la bande de tissu à carreaux et dans le creux du corps.
Coudre les pattes arrière extérieures dans leur emplacement, combler le vide du haut de la patte par du bourrage. Coudre la patte intérieure à la bande.
Découper un octogone de cotonnade unie, plier un petit rentré tout autour, puis coudre à points glissés sur le museau. Nouer un morceau de tissu autour du cou.

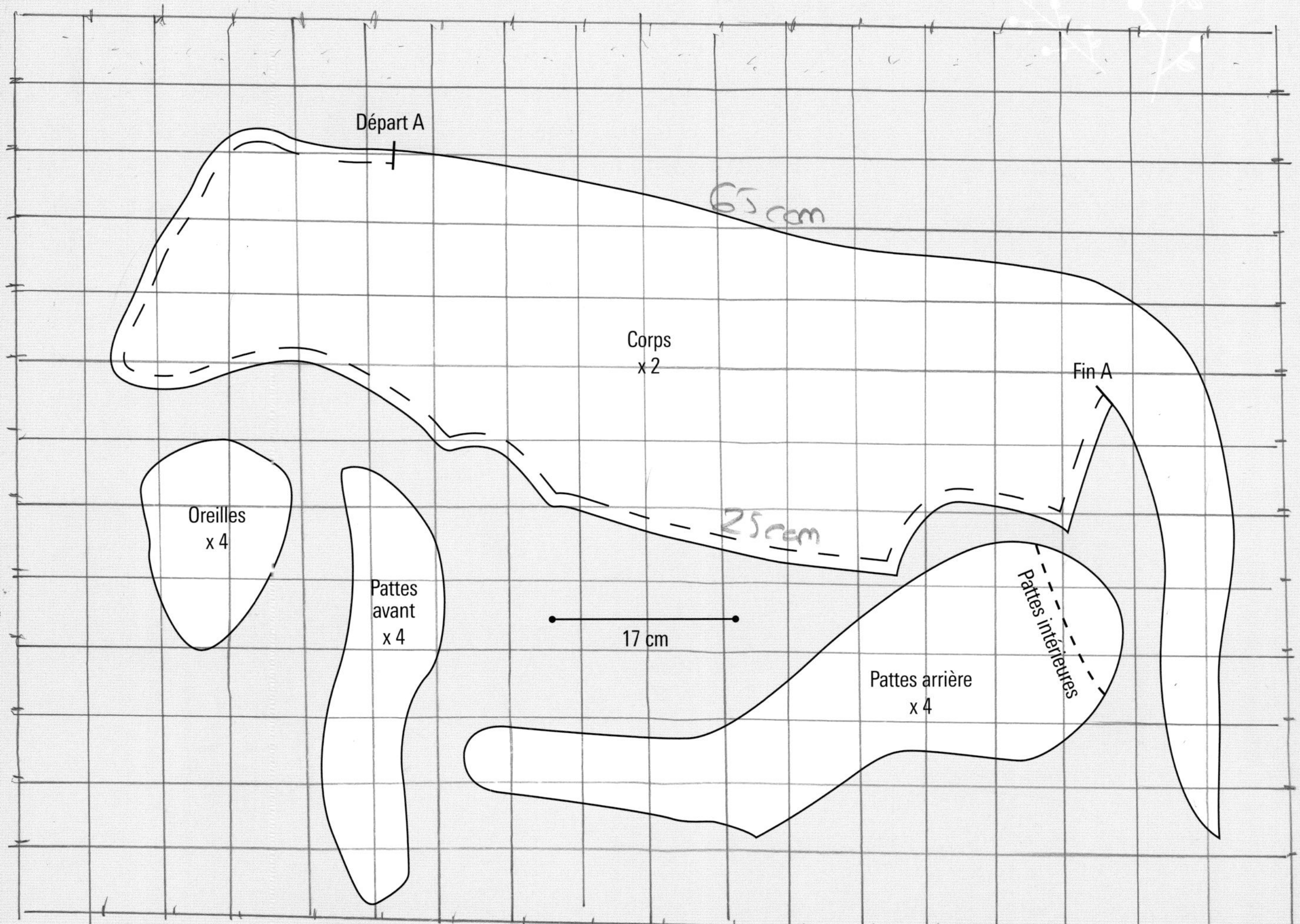

17 cm → 2,5 cm   1 → 4
X → 1

17 = 2,5 X   17/3
= X $\frac{17}{2,5}$ = 4 cm   2 5 $\frac{13}{65}$ $\frac{15}{75}$

Fruits en tissu

Fournitures

- Chutes de cotonnades colorées
- Toile thermocollante
- Bourrage synthétique
- Fil à coudre
- Petites brindilles et feuilles naturelles séchées ou en tissu

Réalisation

Reproduire les patrons à grandeur. Dessiner, puis découper 10 quartiers de pomme et 6 quartiers de poire dans la toile thermocollante. Appliquer sur l'envers des tissus choisis. Découper à 1 cm.

Assembler les quartiers, les uns au bout des autres, par des piqûres, endroit contre endroit, en laissant une ouverture au milieu de la dernière couture de la pomme et vers le bas de la dernière couture de la poire. Cranter les rentrés de couture. Retourner. Remplir de bourrage. Fermer l'ouverture. Planter une brindille en haut de la poire, une brindille et des feuilles sur la pomme.

Compte tenu de la petite taille des morceaux, l'assemblage est plus facile à réaliser à la main.

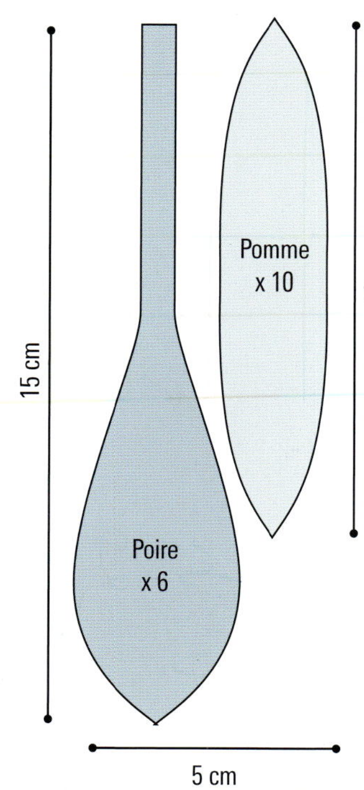

Carnet de voyage

Dimensions

Pour un cahier de 27 X 28 cm

Fournitures

- 1 cahier de 27 x 28 cm
- Feutrine rouge : 1 rectangle de 29 x 55 cm et 2 rectangles de 8 x 29 cm
- 60 cm de 15 rubans de formes, couleurs et largeurs différentes (croquet, gros-grain, ruban de satin, de coton mat et brillant)
- 1 m de ruban de satin jaune et de gros-grain vert
- Mouliné DMC 3845, 608, 814, 742, 954
- Fil à coudre jaune
- Feutre à tissu

Réalisation

Réserver 50 cm de ruban de satin orange et jaune qui serviront à fermer le cahier. Épingler tous les autres rubans côté à côte sur le grand rectangle de feutrine en s'inspirant de la photo et en ménageant des espaces irréguliers qui pourront être brodés de points avant.

Plier les extrémités des rubans de quelques cm sur l'envers. Piquer tous les rubans au fil jaune, au milieu pour les plus étroits, sur les 2 bords pour les autres. Broder les lignes de points avant.

Écrire le mot « Voyage » sur le dessus puis le broder de 3 lignes de points avant.

Poser les petits rectangles de feutrine envers contre envers sur les extrémités du grand. Plier les rubans réservés en 2, glisser la pliure entre couverture et rabat, juste au milieu. Piquer tout le tour en fixant ainsi les rabats et les rubans.

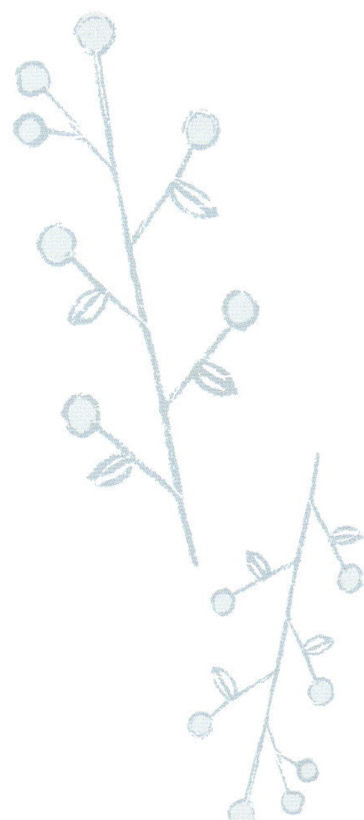

J.M.G. Le
Diego et

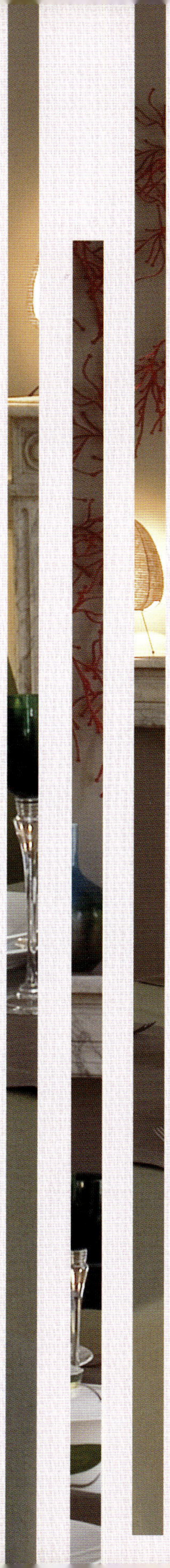

La déco de table

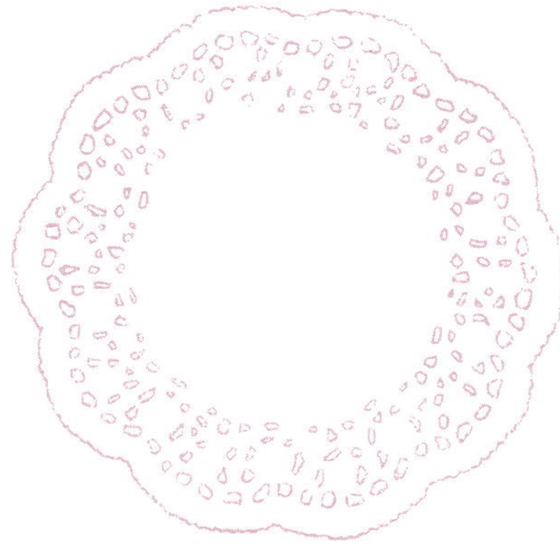

Je fais une nappe

Pour réussir rapidement la décoration d'une soirée, pensez à l'indispensable nappe. Faire ses propres nappes, les arranger est quelque chose de très amusant. Très rapide à coudre et très rapide à décorer, c'est un ouvrage de base.
N'importe quel tissu peut servir de nappe. Il y a des nappes éphémères comme les nappes en papier et des nappes auxquelles on tient que l'on soigne.

Faire une nappe traditionnelle

• Mesurer la table. Ajouter 1 m à la largeur et la longueur. Acheter un tissu en coton ou coton mélangé (avec du lin ou du polyester). Faire tremper le tissu une nuit dans l'eau froide pour retirer l'apprêt. Cette étape est importante. Si vous faites une tache sur un textile neuf, la tache sera incrustée dans l'apprêt et donc beaucoup plus difficile à retirer.

• Faire un ourlet en rabattant 1 cm vers l'envers. Repasser la nappe. Faire un 2e rabat de 3 cm. Repasser la nappe.

• Ouvrir les rabats pour cranter les angles.

• Épingler les rabats. Piquer à la machine sur les 4 longueurs. Il est d'usage de piquer avec un fil assorti sauf si vous cherchez un effet de style.

Les nappes récup' à base de vieux draps en lin teints

Ce sont mes préférées. Chinez de vieux draps en lin et passez-les à la machine avec de la teinture. Un buffet d'été, sur une grande nappe en lin teinte en noir, avec de magnifiques candélabres, quelle classe ! Ajoutez des pochoirs blancs ou argent... L'énorme avantage du drap teint est son prix assez faible. De plus, vous n'êtes pas obligée de faire les ourlets : ils sont déjà faits !

Décorer les nappes éphémères

Amusez-vous : elles sont à usage unique, alors profitez-en. Assortissez les nappes à vos thèmes de dîners. Un menu chasseur, vite une peau de bête... Des hamburgers ? Dînons sur le drapeau américain. Il existe toutes sortes de tissus, profitons-en.
Les nappes en papier sont des supports de peinture extraordinaires. Peinture mais aussi pochoir.
Ces nappes ne nécessitent aucun savoir-faire. Coupez proprement les bords, mais vous pouvez aussi utiliser des ciseaux fantaisie.

Point sur...
les pompons

Si nous avons, pour la plupart d'entre nous, appris à faire des pompons dans notre enfance, serions-nous encore capables de les faire ? Sauriez-vous aujourd'hui faire un pompon canard ou un pompon lapin ?
Bien sûr, la technique n'a absolument pas changé :

- **Prendre 2 carrés de carton** de taille identique. Couper 2 ronds dans le carton. À l'intérieur de ces ronds, évider des petits ronds. Plus les cercles seront grands, plus le pompon sera grand.
- **Superposer les 2 cartons.** Passer du fil de laine autour de ces cartons. Enrouler la laine, jusqu'à ce que vous ne puissiez plus passer de brin de laine.

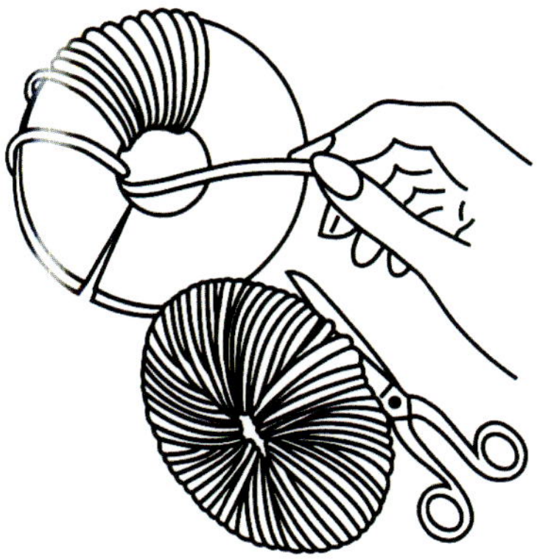

- **Glisser une lame de ciseaux** entre les 2 épaisseurs de carton. Couper la laine.

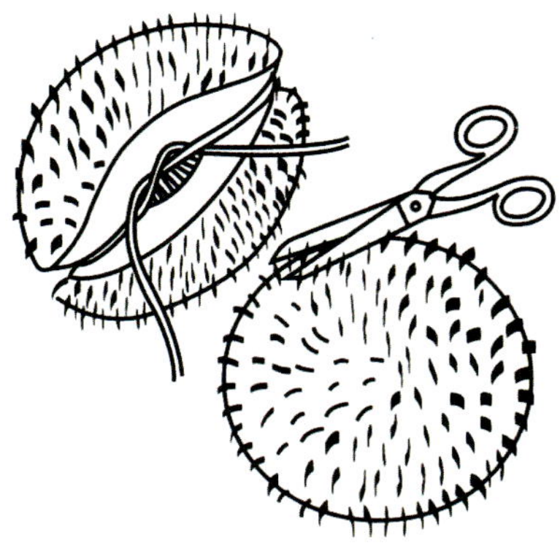

- **Glisser un fil de laine** entre les 2 cartons pour nouer les brins de laine. Serrer fort. Passer un deuxième brin de laine par sécurité.
- **Recouper et sculpter** le pompon au besoin.

Vous pouvez remplacer la laine par de fines bandes de tulle. Vous pouvez, pour plus d'effet, changer le type de laine, ajouter des fils d'or et d'argent, des fils brillants, des galons...
Vous pouvez également varier la taille des pompons : des petits, des moyens, des grands.
Il existe des galons vendus avec de tous petits pompons cousus. C'est moins amusant à faire, mais un peu plus rapide à coudre !

Point sur...
les boutons

Les boutons valent assez cher en mercerie. Il m'arrive souvent d'en acheter de petits stocks en vide-grenier. Je les garde. Quand je suis d'humeur créatrice, je ressors les bocaux et assemble mes trouvailles selon mes envies. Des boutons que j'avais achetés dans l'idée de customiser une veste peuvent se retrouver quelque temps plus tard sur un sac !

• Vous pouvez utiliser les boutons de multiples façons :

- Garder leurs fonctions de fermeture et boutonnage
- Changer simplement les boutons d'un vêtement en les dépareillant
- Les recouvrir de tissu pour leur donner une autre vie

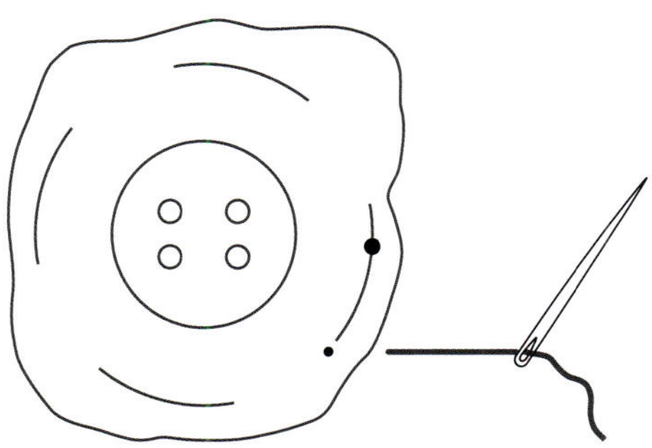

• Détournez la fonction première, soyez créative, le bouton devient décoration, en cousant les boutons pour leur donner une autre fonction que celle du boutonnage classique :

- Faire des dessins de boutons par exemple. Ajoutez-y des petites touches de broderie et vous obtiendrez une très jolie fleur grimpante !

• Monter les boutons en les enfilant sur un élastique rond et en faire de très jolis bracelets.

• Les coudre sur des rubans, et coudre ensuite ces rubans sur des vêtements, façon décoration.

• Ajouter quelques boutons de temps en temps sur du linge ancien pour donner du volume.

• Jouer avec la finesse et les irrégularités des boutons anciens de nacre.

• Coudre les boutons avec des fils de couleurs et jouer sur la façon de coudre les boutons avec 4 trous.

Vous pouvez les coudre en croix, en carré, en ancre ou en parallèle !

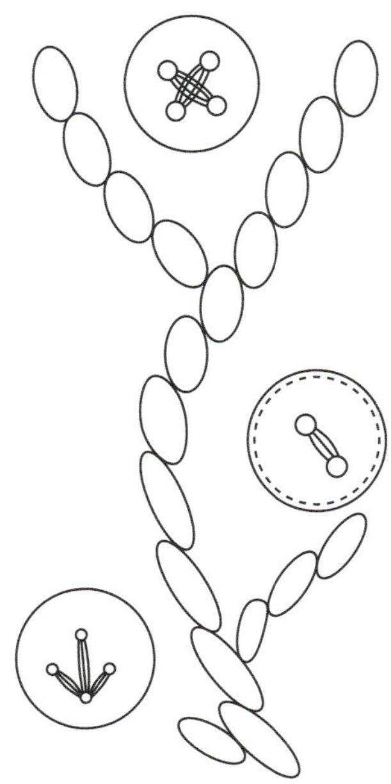

La valse des fleurs

Fournitures

- 2 m de toile de lin bis en 150 cm de large
- 2 flacons de chaque couleur textile Sétacolor de Pébéo mat coloris : Violine (65), Lie de vin (66), Rose (22) Blanc (10)
- Pinceaux à pochoir
- Chiffons
- 1 cutter
- Feutre fin indélébile
- 5 à 7 feuilles de Rhodoïd format A3
- Fil
- Épingles
- Ciseaux
- Machine à coudre

Réalisation

Repasser, puis piquer un double rentré de 1 cm, puis de 2,5 cm tout autour de la nappe.

Décalquer les fleurs (p. 124-125) sur du Rhodoïd transparent à l'aide du feutre indélébile : décalquer une fois la forme générale et une autre fois la forme avec tous les détails. Pour réaliser des pochoirs, évider au cutter la forme générale sur le premier Rhodoïd, les détails sur le second.

Disperser les fleurs sur les retombées et un peu sur le plateau : dans une palette, préparer des mélanges de peintures textile en dégradés de roses pour jouer sur les nuances. Appliquer les fleurs au pinceau à pochoir en commençant par le fond des fleurs. Laisser parfaitement sécher avant de peindre les détails à l'aide du 2e pochoir.

Jouer sur 2 tailles de dahlias, pour avoir une plus grande diversité de fleurs.

Attendre le séchage complet. Fixer au fer à repasser sur l'envers.

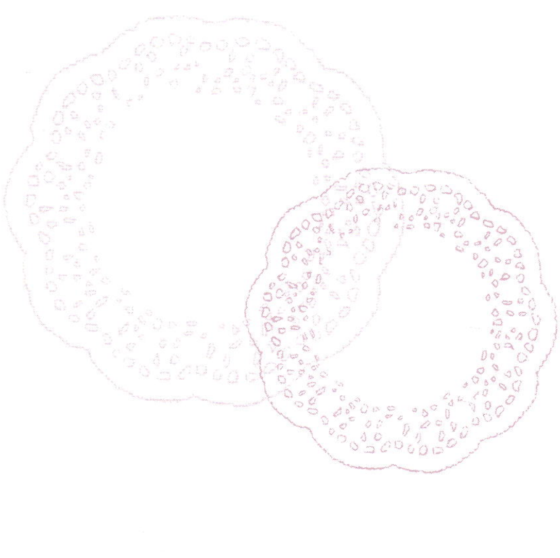

La valse des fleurs *(suite)*

10 cm

Set de table version tweed

Fournitures

Pour chaque set :

- 28 x 42 cm de lainage (centre)
- 4 bandes de 6,5 cm d'un autre lainage : 2 de 52 cm de long et 2 de 38 cm de long
- Fil à coudre
- 38 x 52 cm de toile thermocollante rigide

Réalisation

Plier les extrémités des quatre bandes en plein biais. Repasser pour marquer la pliure. Piquer les bandes sur ces marques, les unes au bout des autres, en les alternant, pour former un cadre.

Cranter les angles. Ouvrir les coutures au fer. Poser le cadre de lainage endroit contre envers sur la toile thermocollante (envers = côté non collant de la toile). Piquer le tour à 1 cm des bords. Retourner sur l'endroit. Repasser la pliure.

Glisser les bords du centre sous le cadre de lainage. Piquer un point bourdon ou zigzag très serré à cheval sur les bords du cadre. Repasser à la pattemouille pour coller la toile au lainage sans brûler le lainage.

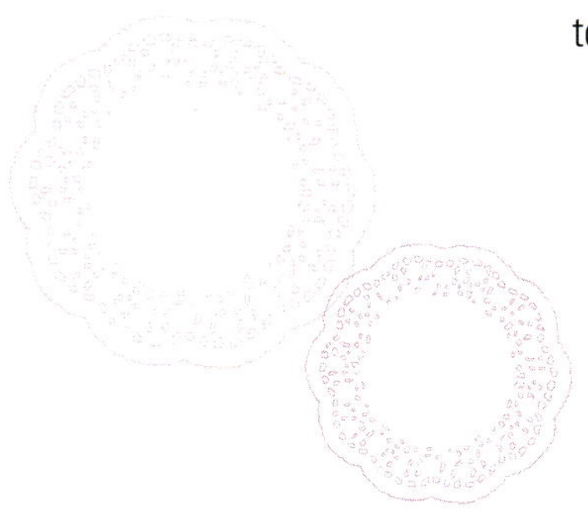

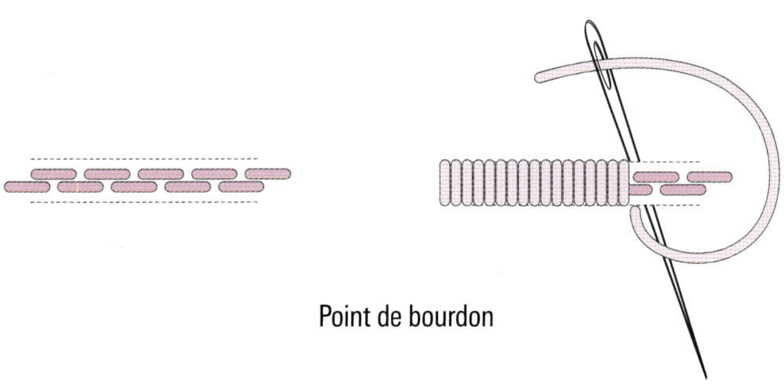

Point de bourdon

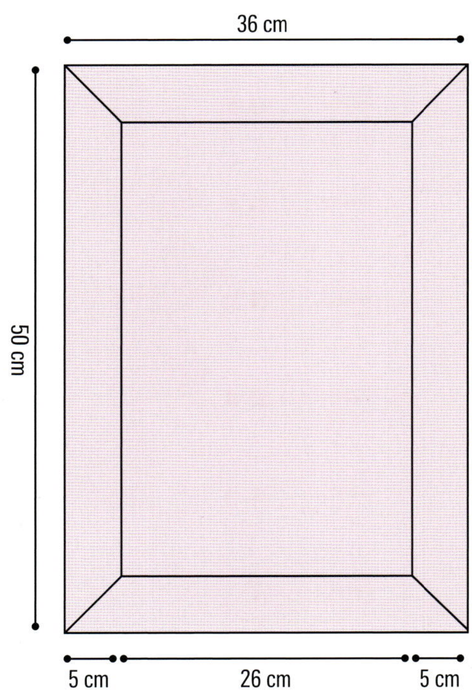

Simplement choux

Fournitures

- Cotonnade en 140 cm de large :
  110 cm blanc, 50 cm vert anis,
  50 cm vert menthe + assortiment de cotonnades vert et blanc
- Fil à coudre blanc
- Coton perlé DMC : 1 éch. vert 704
- 1 feutre à tissu effaçable à l'eau

Réalisation

Couper un carré blanc de 110 x 110 cm, 4 bandes vert anis de 12 x 150 cm et 4 bandes vert menthe de 12 x 150 cm. Piquer des bandes les unes au bout des autres pour obtenir les dimensions. Assembler une bande de chaque vert, deux par deux, endroit contre endroit, par une piqûre à 1 cm des bord. Ouvrir la couture au fer. Piquer un assemblage sur chaque bord du carré blanc. Plier les angles du carré blanc en plein biais pour superposer les bandes de deux côtés contigus, puis piquer en biais pour fermer les angles. Couper le supplément de tissu à 1 cm de la piqûre. Ouvrir les coutures.

Reproduire les schémas des feuilles à grandeur (p. 131), les découper pour obtenir des gabarits. Couper un grand nombre de feuilles dans les cotonnades en ajoutant 3 mm tout autour, puis composer les choux, avec plus ou moins de feuilles, en réunissant les extrémités marquées. Coudre à petits points glissés en pliant les 3 mm vers l'envers au fur et à mesure.

Écrire le nom des choux au feutre, puis les broder à points arrière avec le coton perlé.

Poser la nappe endroit contre endroit du tissu blanc restant. Piquer le tour en laissant une ouverture. Couper l'excédent de tissu. Retourner. Repasser. Fermer l'ouverture à la main à petits points invisibles.

choux
brocoli
fleurs

Simplement choux *(suite)*

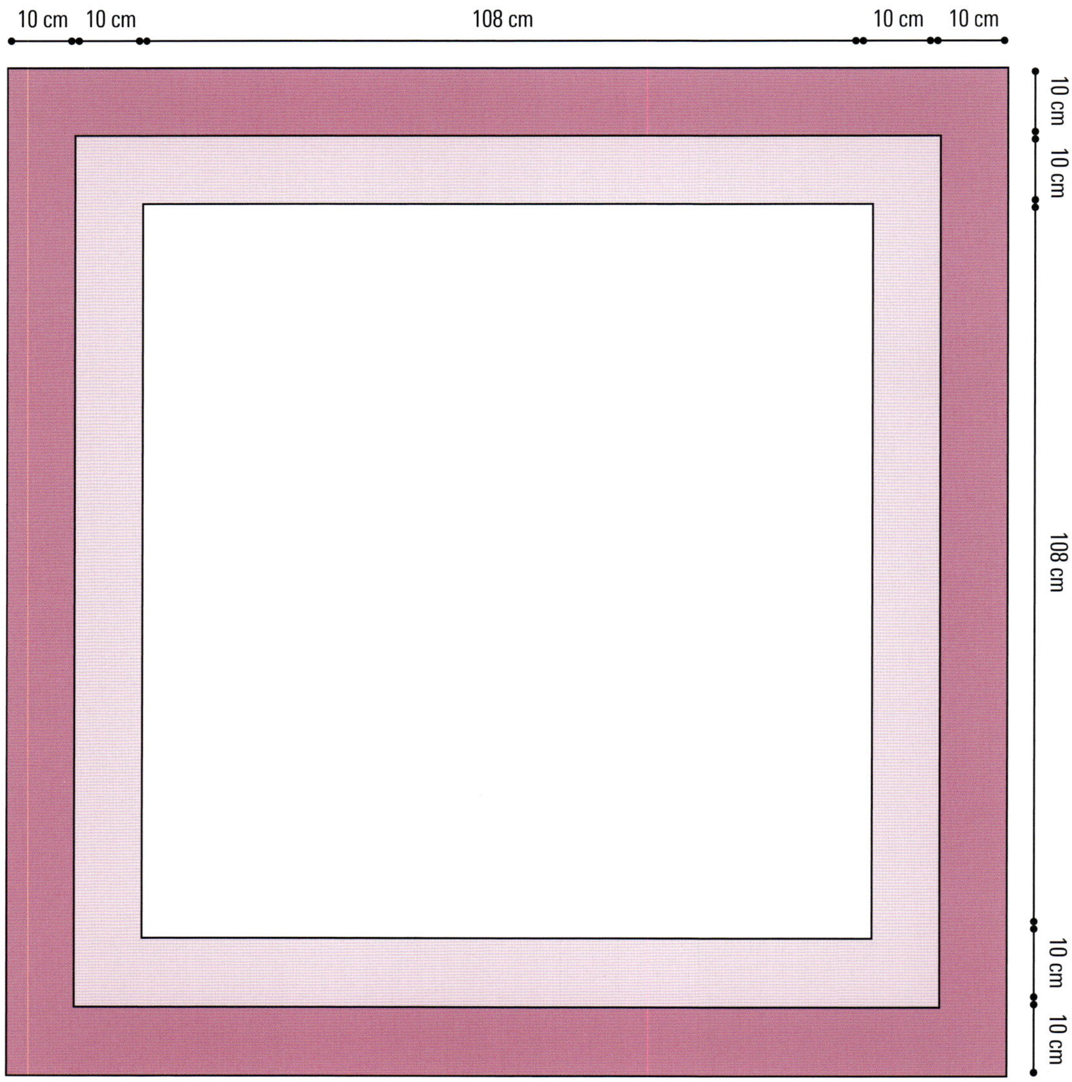

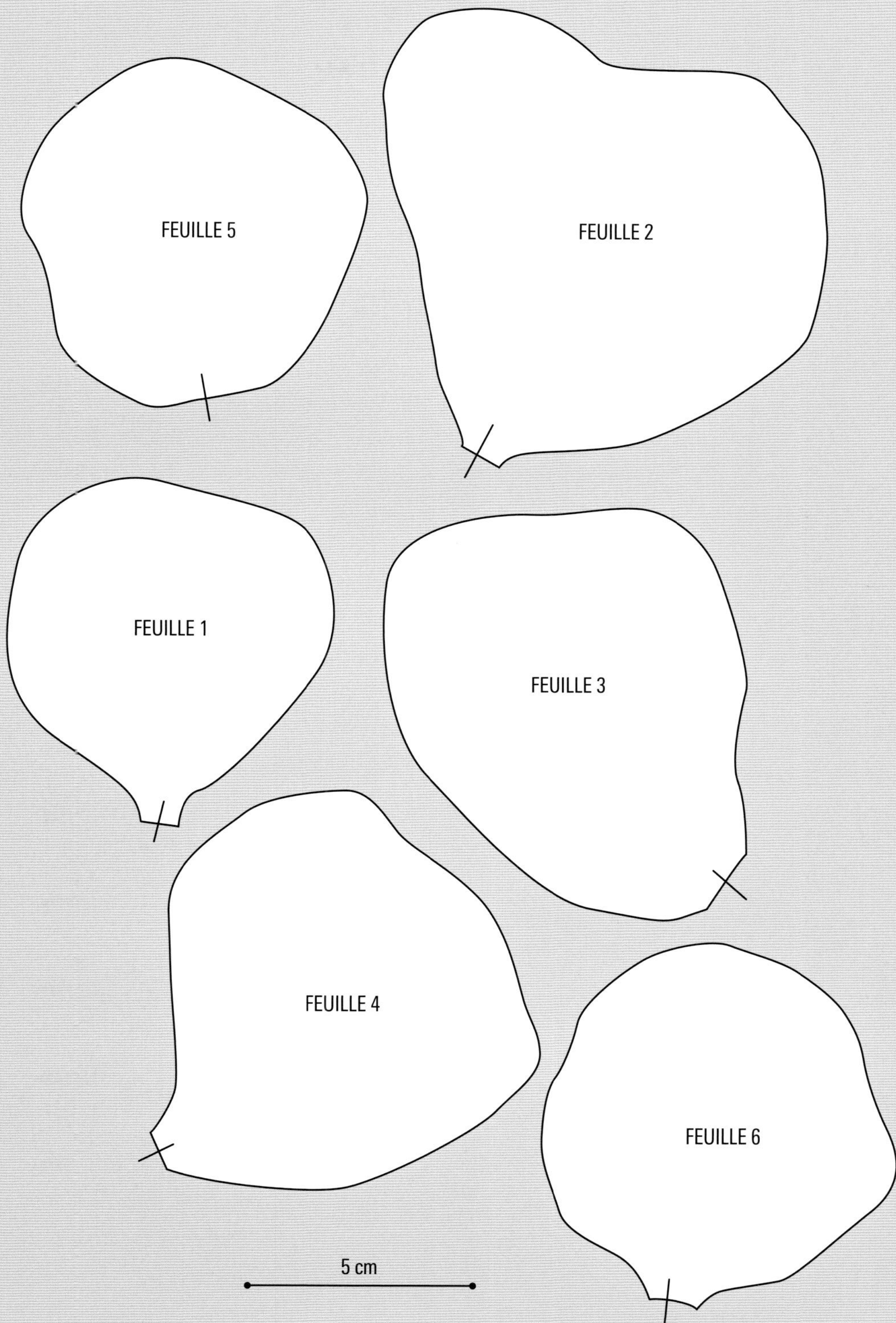
FEUILLE 5
FEUILLE 2
FEUILLE 1
FEUILLE 3
FEUILLE 4
FEUILLE 6
5 cm

Du lin sinon rien

Dimensions

185 x 255 cm

Fournitures

- 2,50 m de lin orange et 0,50 m de lin gris en 1,30 m de large
- 2,50 m de lin naturel en 1,40 m de large
- 6 m de gros grain brique de 1,5 cm de large et 6 m de gros grain brique de 1 cm de large
- 2 échevettes de fil de lin L822, 1 échevette de Mouliné Brique 919 et Gris 3799
- Assortiment de boutons de nacre blanche et grise

Réalisation

Couper dans le lin naturel 2 bandes de 0,23 x 2,50 m. Les plier dans la longueur à 10 cm d'un bord. Piquer à 2 mm de la pliure pour former une nervure. Ouvrir et repasser la bande. Piquer du gros grain large à 1,5 cm de la nervure tout du long de la partie la plus large, du gros grain étroit à 1,5 cm de l'autre côté. Broder une ligne de grands points avant entre nervure et ruban, gris d'un côté, brique de l'autre.

Couper 8 bandes de 8 cm de large dans le lin gris pour les bordures. Les piquer l'une au bout de l'autre, 2 par 2. Repasser un rentré de 1,5 cm sur chaque longueur puis plier envers contre envers. Repasser.

Piquer une bande endroit contre envers d'un bord d'une bande de lin naturel puis rabattre sur l'endroit et coudre à grands points avec les 6 brins du fil de lin.

Assembler les bandes et le rectangle orange par des coutures anglaises : bâtir les 2 morceaux envers contre envers. Piquer 5 mm à l'extérieur du bâti. Couper les rentrés à 3 mm de la couture. Ouvrir le tissu, le plier endroit contre endroit pour enfermer les rentrés. Piquer à 5 mm de la pliure. Poser les 2 dernières bandes grises. Coudre les boutons dispersés sur les extrémités.

Nappe à pompons

Dimensions

140 x 140 cm

Fournitures

- 1 nappe carrée de 140 cm de côté avec un léger jour (brocante)
- Pelotes de laine blanche, bleu nuit, verte, bleu-vert
- Carton
- Ciseaux à papier
- Aiguille pointue à large chas

Réalisation

Chercher en brocante une nappe ancienne légèrement ajourée. Laver la nappe. Ne pas hésiter à la blanchir légèrement avec de l'eau de Javel. Il est rare de trouver des nappes indemnes. Vous pouvez aussi la confier au teinturier.
Couper dans le carton 72 cercles de 5 cm pour réaliser des pompons. Vous allez devoir réaliser 36 pompons !
Suivre les indications du chapitre sur les pompons pour les réaliser. Vous pouvez aussi acheter les pompons tout faits.

Quand vous réaliserez les pompons, ne pas couper le fil d'attache des pompons. L'enfiler sur une aiguille et coudre les pompons au bas de la nappe.
Alterner les couleurs des pompons cousus de manière aléatoire.
Réaliser quelques pompons supplémentaires, en variant les tailles cette fois pour faire des ronds de serviettes originaux. Chacun sa couleur. Assortir les serviettes aux pompons.

Set revisité

Dimensions

34 x 46 cm

Fournitures

- Morceaux de torchons rouge/écru récupérés
- Mouliné DMC : 1 éch. Bleu n° 797
- Fil à coudre
- Papier kraft fort
- Fil
- Feutre à textile

P
CD

Set revisité *(suite)*

Réalisation

Couper les morceaux de torchons en suivant le schéma, ajouter 1 cm autour pour les coutures. Vous pouvez adapter le schéma selon vos trouvailles. Surfiler le tour de chaque morceau. Dessiner les guirlandes au feutre. Broder la tige au point de tige, les feuilles au point lancé, les points au point de nœud. Assembler d'abord les morceaux reliés par un point d'entre-deux : ourler les bords à assembler en pliant un rentré de 0,5 cm puis de 1 cm, les bâtir l'un en face de l'autre sur un papier kraft en laissant 1 cm entre les deux puis les assembler en brodant au point noué ou au point de feston, le point aura ainsi la même largeur sur toute sa longueur. Enlever le papier kraft. Assembler les autres morceaux par des piqûres endroit contre endroit. Repasser les coutures ouvertes. Pour border le set, couper 2 grandes et 2 petites bandes en suivant les schémas et en ajoutant 1 cm tout autour pour les coutures. Les piquer endroit contre endroit les unes au bout des autres en alternant les longueurs. Piquer endroit contre endroit autour du set. Rabattre sur l'envers, plier un rentré de 1 cm et coudre à points glissés.

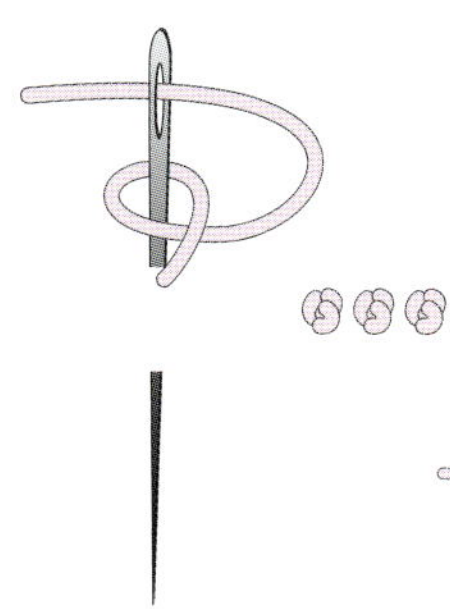

Point de nœud

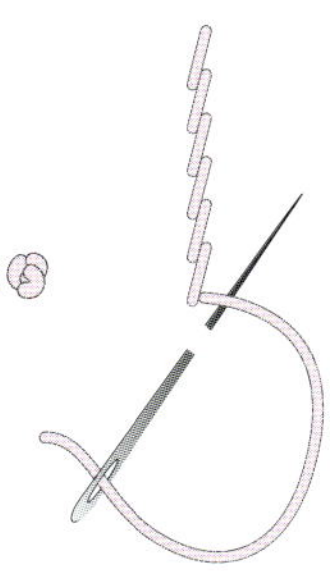

Point de tige

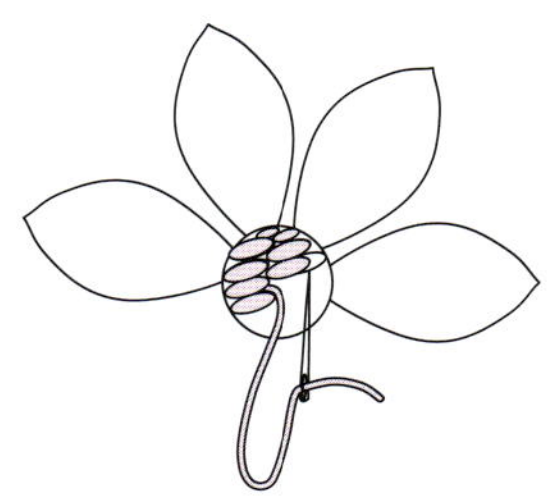

Point lancé

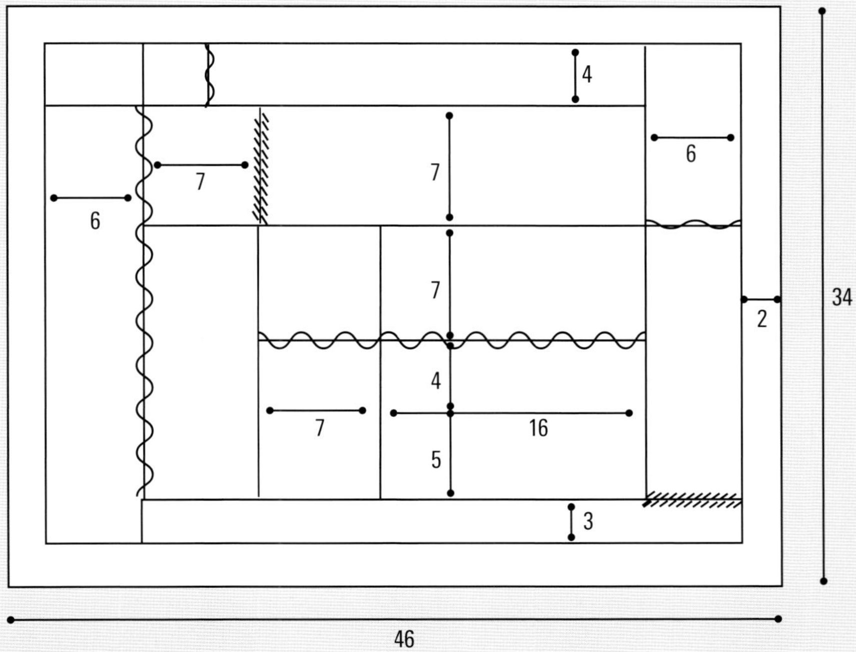

point noué

feston

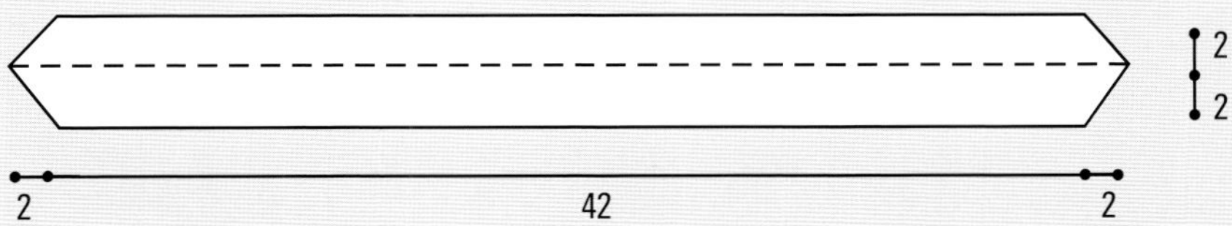

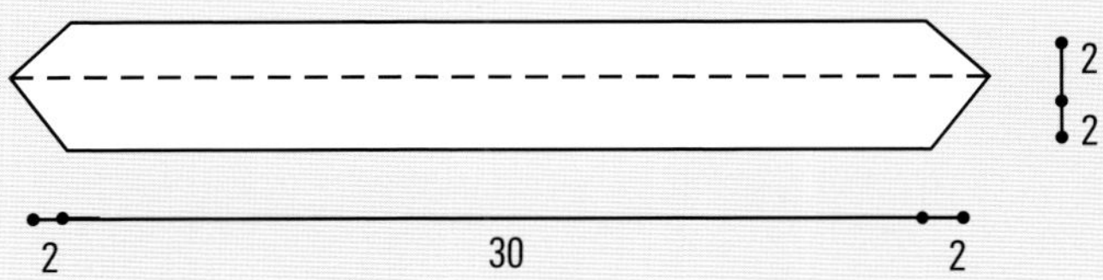

Les plaids

Je fais un patchwork

Historiquement, le patchwork est un travail d'assemblage de tissus récupérés et de chutes de tissus. Les Américains décousaient les vêtements trop petits ou usés pour garder les pièces de tissus non abîmées. Ne dit-on pas que le plus beau patchwork est le drapeau américain ?
Le patchwork est un assemblage de tissus, montés ensuite comme un plaid puis retravaillés à la main. Un très beau travail de matelassage est effectué ensuite dessus.
Vous pouvez créer de magnifiques patchworks avec tous les coupons que vous gardez précieusement !

Choix des tissus

• Ne pas sélectionner forcément des tissus avec des petits motifs, car un patchwork se regarde et s'apprécie de loin. Privilégier plutôt les couleurs. C'est ce qui, après la coupe et l'assemblage, ressortira. Les patchworks se font traditionnellement avec des tissus en coton.

• Laver les tissus au préalable pour retirer l'apprêt. Cela évitera aussi qu'ils ne déteignent trop par la suite.

Préparation

• Dessiner un patron du patchwork. Il existe des motifs ancestraux, comme « l'âtre de la cheminée », qui jouent sur l'ombre et les dégradés de couleurs. De nombreux livres ou kits sont vendus dans des boutiques spécialisées. Prenez des idées dans ces magasins.

• Il existe des motifs, des assemblages compliqués avec des dégradés. Le matelassage peut prendre ensuite des allures d'œuvres d'art. Vous pouvez mélanger appliqués et patchworks.

• Ajouter 0,5 cm de marge de couture à chaque pièce.
Couper très consciencieusement les morceaux de tissus. Si les pièces sont régulières, faire un gabarit de coupe en carton épais ou dans un plastique spécial.

Assemblage

• Assembler, à la main, endroit contre endroit toutes les pièces. Repasser en ouvrant les coutures. Autrefois, les patchworks s'assemblaient à la main. Sachez-le, mais vous pouvez très bien utiliser votre machine à coudre.

• Couper dans le tissu de votre choix, une pièce de même taille que le patchwork pour la doublure. Assembler les 2 pièces endroit contre endroit comme un plaid. Laisser une ouverture.

• Couper un molleton de la taille de la doublure –2 cm.
Cranter les angles, retourner le plaid en patchwork sur l'endroit. Glisser le molleton. Fermer l'ouverture à petits points invisibles.

• Bâtir les 3 épaisseurs à gros points pour maintenir le molleton en place.

• Dessiner au feutre à textile le matelassage aussi appelé « quilt ». Matelasser en cousant au point avant sur le dessin. Prendre les 3 épaisseurs. Traditionnellement, le matelassage

se faisait avec un fil très épais et transparent. Vous pouvez matelasser avec des fils épais, mais de couleur contrastée. Laver les patchworks à la main. Les faire sécher à plat. Certains tissus déteignent beaucoup. Quand ils sont mouillés, les couleurs se diffusent sur les autres pièces. C'est vraiment dommage ! Laver vos patchworks avec ces nouvelles lingettes anti-décoloration.

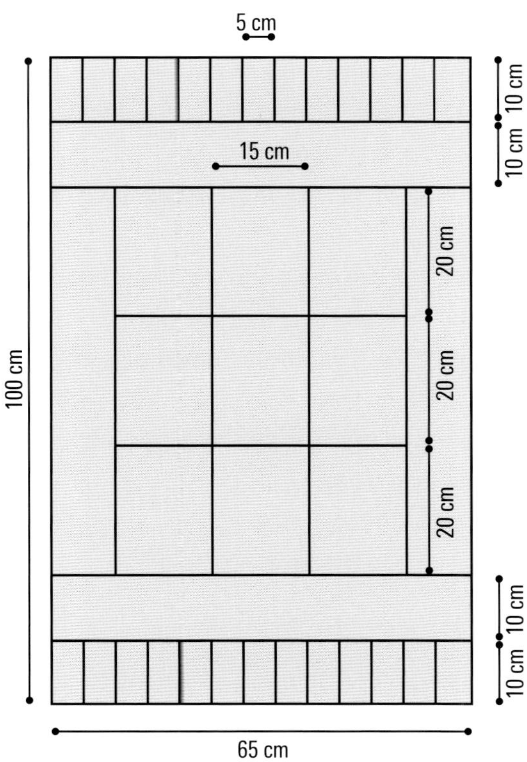

Schéma préparatoire avec les cotes

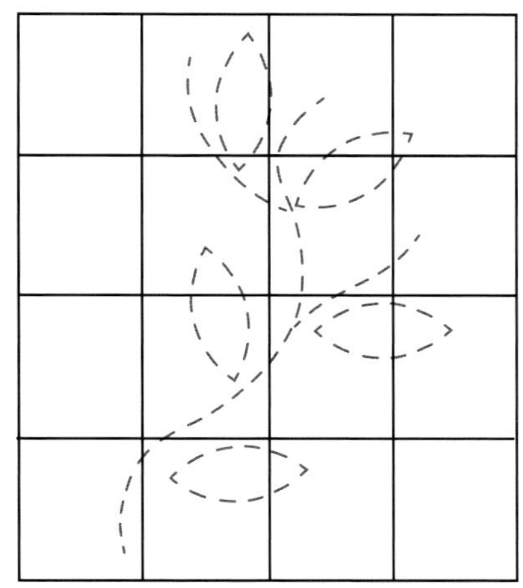

Exemples schéma de quilt

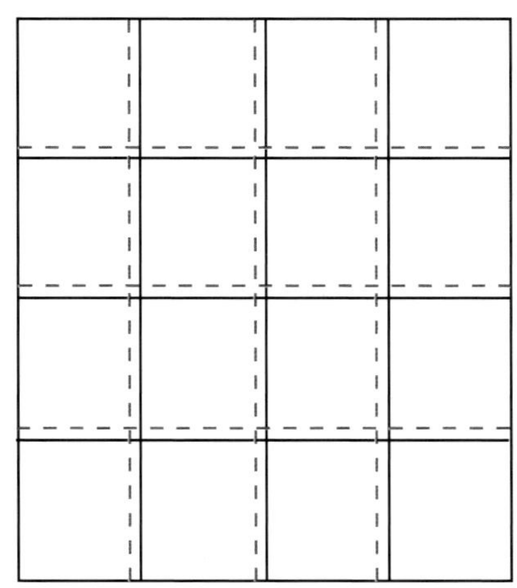

En suivant le dessin du patchwork

Point sur...
dentelle et crochet détournés
pour les remettre au goût du jour

Dans les brocantes et les kermesses, on trouve parfois des lots de dentelles ou napperons en crochet. C'est tentant de les acheter. Mais qu'en faire ? Beaucoup de choses ! Une amie se sert des napperons en crochets pour faire des empreintes sur des pots en terre ! Tout est possible !

• La dentelle et le crochet sont ajourés. Cela laisse deviner un tissu de doublure. Jouer avec cette idée, en les doublant de coton Liberty par exemple. Cela les modernisera.

• Pour travailler la dentelle, vous munir d'une grosse aiguille et d'un fil à crocheter de la taille et de la couleur de votre dentelle. Ainsi, la couture passera inaperçue.

• Si vous avez des rudiments de crochet, vous pouvez :

- agrandir les napperons.
- crocheter une bordure aux napperons avec quelques mailles coulées ou serrées.

• Vous pouvez :

- agrandir les napperons et ainsi les assembler entre eux.
- teindre ces petits ronds pour en faire des dessous de bouteilles, des sets de tables, des nappes décalées.

Vous pouvez par exemple les teindre en rouge et les coudre sur une nappe blanche pour Noël. Ajouter quelques rubans dorés et vous aurez la plus belle nappe de réveillon.

• Tous les morceaux de dentelle ou de crochet trouveront une nouvelle destination, vous pouvez :

- les assembler pour en faire un grand dessus de lit, ou un rideau.
- les teindre et les appliquer ensuite sur une housse de couette à petits points invisibles.
- les appliquer en fausses poches sur un sac style armée américaine.
- en faire des petites bourses en les doublant de tissus improbables comme de la fourrure.

Point sur...
la teinture

Teindre des tissus est toujours très amusant. Vous pouvez vraiment changer un textile en le teignant.
Je rappelle que la teinture n'a jamais caché de tache. Il faut toujours teindre des textiles propres.
Il y a évidemment des matières que l'on ne peut pas teindre, toutes celles à base de plastique, par exemple.

- Acheter de la teinture en poudre dans une droguerie.
- Si vous voulez obtenir une teinture régulière, mieux vaut **teindre à la machine.** Il est important de suivre les instructions des fabricants, mais globalement la marche à suivre est la suivante :

- **mouiller le tissu.** Glisser le tissu mouillé dans la machine à laver avec la poudre diluée dans un peu d'eau. Mettre des gants en caoutchouc : la teinture est tenace !
- enclencher **le cycle de lavage le plus chaud** possible supporté par le tissu. Il faut toujours teindre à chaud, car ensuite il vous faudra laver le textile à une température inférieure pour ne pas enlever la teinture.
- **laver le tissu** pour retirer l'excédent de teinture.
- **laver votre machine** à vide (oui oui, à vide) puis laver des chiffons (conseil d'amie).

- Il est plus amusant de teindre des tissus à la main. La teinture sera moins régulière, c'est un style.

- Pour faire un merveilleux tee-shirt tie and dye :

- prendre un tee-shirt propre – ou mieux – neuf.
- créer des irrégularités : faire des petits nœuds, nouer des élastiques, glisser des billes, tordre le tee-shirt...
- faire bouillir de l'eau, suivre les instructions du fabricant, mélanger la poudre de teinture avec du sel. Tremper le vêtement dans l'eau, mélanger longtemps.
- rincer, rincer et rincer le tee-shirt.

- Créer des dégradés en trempant le vêtement peu de temps pour les parties claires, puis longtemps pour les parties foncées.

- Dessiner des motifs naïfs avec des cotons-tiges trempés dans de l'eau de Javel.

Plaid fleurs des champs

Dimensions

147 x 150 cm

Fournitures

- 150 cm x 150 cm de lin (dessous)
- 90 x 150 cm de lin
- 80 x 150 cm de deux écossais (dessus)
- Voile thermocollant double face
- Fil à coudre assorti

Réalisation

Pour le dessus, couper sur toute la largeur du tissu : 3 bandes de lin de 27 cm et 4 bandes d'écossais de 20 cm. Piquer les bandes, en les alternant, les unes au bout des autres par des coutures endroit contre endroit à 1 cm des bords. Placer 1 bande écossaise à chaque extrémité. Ouvrir les coutures au fer.

Pour border le plaid, couper 4 bandes écossaises de 6 x 150 cm. Les mettre de côté.

En s'inspirant de la photo, dessiner de grandes fleurs de tailles variées sur le papier du voile thermocollant. Découper largement. Repasser le voile thermocollant sur les chutes de tissu écossais pour le fixer. Couper sur les traits. Enlever le papier, poser les motifs sur le plaid, repasser pour appliquer. Maintenir par un point zigzag à cheval sur les bords.

Poser le dessus et le dessous, envers contre envers. Repasser un rentré de 1 cm sur chaque longueur des bordures puis les piquer à cheval sur le bord du plaid. Commencer par les bordures de 2 bords opposés, puis les 2 autres. Fermer les extrémités des bordures.

Plaid chic

Dimensions

98 x 120 cm

Fournitures

- 1 rouleau de papier kraft
- Ruban adhésif
- 1 m de piqué de coton/lin chocolat en 2,60 m de large
- 0,40 m en 1,40 m de large de lainage chevrons roux
- 0,50 m en 1,40 m de laine bouillie bleue
- 0,40 m en 1,40 m de large de lainage brun moyen

Réalisation

Couper des bandes de largeurs différentes de 120 cm de long dans les tissus. Assembler les bandes, endroit contre endroit. Coudre les bandes en courbe. Amusez-vous à ne pas faire de coutures droites. Recoupez l'excédent de tissu sur l'envers. Cranter. Repasser pour ouvrir les coutures. Assembler des bandes pour obtenir un plaid de 100 x 120 cm.

Découper dans le piqué de coton restant un rectangle à la dimension de votre assemblage de rayures (100 x 120 cm) pour la doublure.

Assembler ces deux morceaux endroit contre endroit en piquant le tour à 1 cm du bord et en ménageant une ouverture de 30 cm sur un des côtés.

Cranter les angles, retourner le plaid sur l'endroit, le repasser. Fermer l'ouverture à la main à petits points invisibles.

Comme une guimauve

Dimensions

155 x 216 cm

Fournitures

- Pour le dessus : 9 soies en 1,40 m de large : 8 métrages de 1,25 m et 1 métrage de 2,50 m
- Pour la doublure : 1 métrage de 3 m
- 2,7 kg de bourrage synthétique
- Fil à coudre
- Boîte à couture
- Machine à coudre

Réalisation

Reproduire le patron (p. 154) du dessous à grandeur. Les coutures de 0,5 cm sont comprises dans le patron. Couper 5 dessus dans les 8 premières couleurs, 10 dans la 9e couleur. Pour le dessous de chaque carré, couper dans le tissu de doublure 35 carrés de 32 cm de côté en plaçant un bord sur le droit fil. Pour créer du volume, fermer les pinces des angles. Piquer dessus et dessous endroit contre endroit en laissant une ouverture au milieu d'un côté. Retourner, glisser environ 75 g de bourrage bien effiloché dans chaque coussin, fermer à la main. Les réunir par un point de surjet sur l'envers.
Ce système de montage permet de confectionner facilement un édredon à la taille voulue.

Comme une guimauve *(suite)*

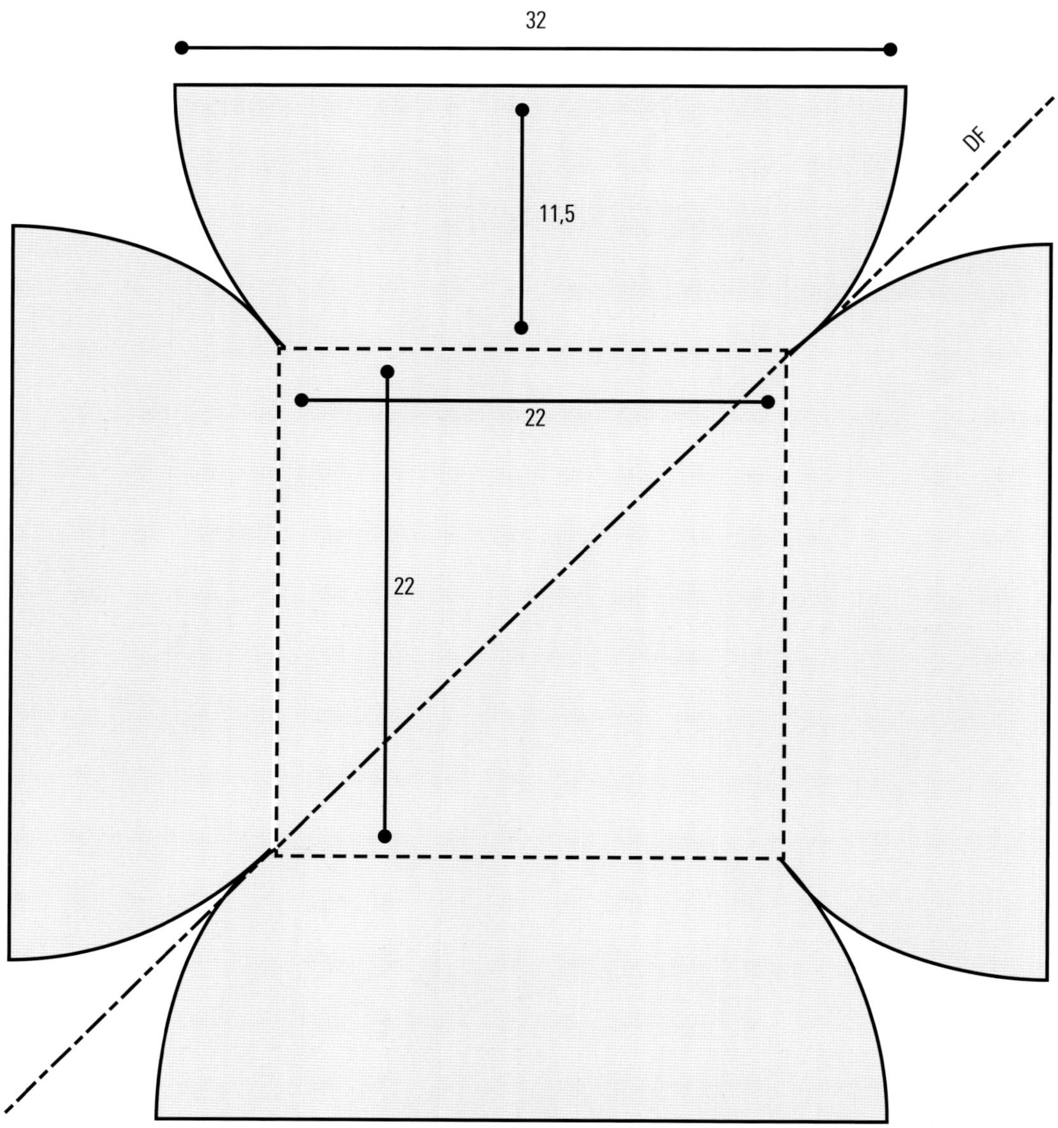

Turquoise	Vert d'eau	Rose	Vert foncé	Violet
Violet	Fuchsia	Turquoise	Rose pâle	Vert pomme
Vert pomme	Rose	Fuchsia	Vert pomme	Bleu ciel
Fuchsia	Vert d'eau	Rose	Violet	Rose
Rose	Turquoise	Violet	Fuchsia	Turquoise
Fuchsia	Vert d'eau	Vert foncé	Vert pomme	Rose
Turquoise	Vert pomme	Violet	Turquoise	Vert foncé

Plaid edelweiss

Dimensions

150 x 150 cm

Fournitures

- 150 x 150 cm de laine polaire chocolat
- 60 x 150 cm de laine polaire bleu glacier
- 6 m de galon rayé brun et gris en 1,5 cm de large
- 6 m de ruban de satin blanc cassé en 2,5 cm de large
- 0,50 m de feutre blanc cassé en 30 cm de large
- 36 perles de cristal de ø 10 mm
- Fil à bâtir
- Fils gris clair et blanc cassé
- Fil de lin pour coudre les perles
- Crayon à papier

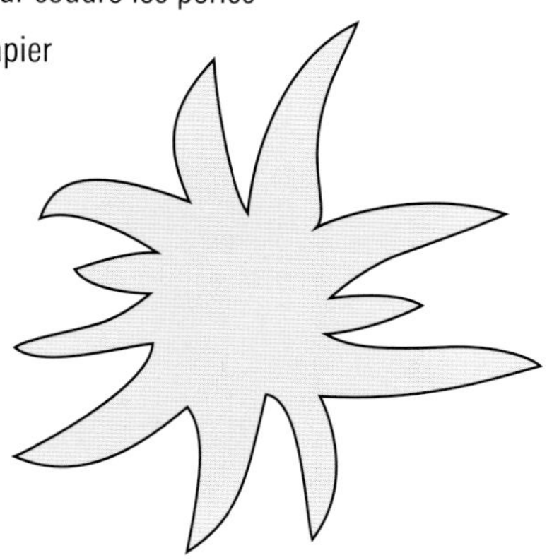

Réalisation

Couper 4 bandes de 14 cm de large dans la laine bleue et les assembler pour obtenir un galon de 6 m de long : pour cela, placer 2 bandes à angle droit et piquer dans la diagonale. Répéter l'opération 3 fois. Couper le surplus de tissu en laissant 1 cm de chaque côté de couture. La 4ᵉ diagonale sera cousue quand le galon sera posé sur le plaid.

Placer le galon rayé sur l'un des bords du ruban de satin. Le piquer. Placer cet ensemble sur le bord du galon en laine polaire et coudre avec le fil à bâtir.

Placer le galon bâti sur le bord du tissu chocolat. Bâtir sur l'endroit et l'envers. Pour les coins, plier le galon rayé/satin à angle droit, glisser le surplus de gauche à droite sous le galon de laine polaire après l'angle droit du tissu chocolat. Maintenir avec des épingles. Coudre le ruban blanc au plus près du bord chocolat, puis coudre sur le galon bleu à 2 mm du bord intérieur. Coudre l'arête des coins au point glissé, comme un ourlet.

En partant du modèle de base ci-contre (A), agrandir les fleurs à 160 % (B), 200 % (C) et 260 % (D). Découper les 4 gabarits. Sur l'envers du feutre, reporter au crayon 4 fois l'étoile D, 12 fois l'étoile C, 12 fois l'étoile B et 8 fois l'étoile A. Découper chaque étoile en suivant le tracé.

Créer 4 grandes fleurs composées chacune des étoiles D + C + B superposées par ordre de grandeur. Créer ensuite 8 petites fleurs composées chacune des étoiles C + B + A superposées par ordre de grandeur. Placer 1 grande fleur dans chaque angle, le cœur à 33 cm du coin, et coudre au centre 3 perles avec le fil de lin. Placer 2 petites fleurs de chaque côté de la grande, en triangle. Les fixer en cousant 3 perles. Faire le même décor dans chaque angle du plaid.

Des rêves en couleurs

Dimensions

Édredon : 150 x 150 cm

Fournitures

- 1 vingtaine de napperons brodés et crochetés
- Teinture Dylon à froid : 11, 20 et 22
- Teinture Dylon à chaud : 32, 48 et 33
- Tissu : 2 morceaux de 120 x 150 cm (édredon)
- Fils à coudre assortis
- Échevettes de coton à broder de différentes couleurs
- Plumes ou bourre synthétique

Réalisation

Couper 2 morceaux de 120 x 150 cm dans le tissu. Teindre tous les napperons en couleurs différentes. Rebroder certains motifs de napperon au point lancé. Amusez-vous à reprendre les motifs en couleurs. Reprendre au point de tige certaines coutures pour les accentuer. Les épingler sur le dessus de l'édredon et de chaque coussin en les superposant parfois. Piquer le contour de chaque napperon à la machine ou à la main. Piquer dessus et dessous endroit contre endroit à 1 cm des bords en laissant une ouverture au milieu d'un côté. Repasser. Cranter les angles. Retourner sur l'endroit. Garnir de plumes ou de bourre synthétique. Fermer à la main ou à la machine.

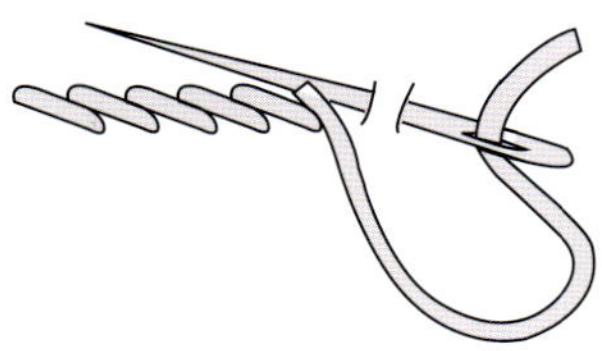

Point de tige

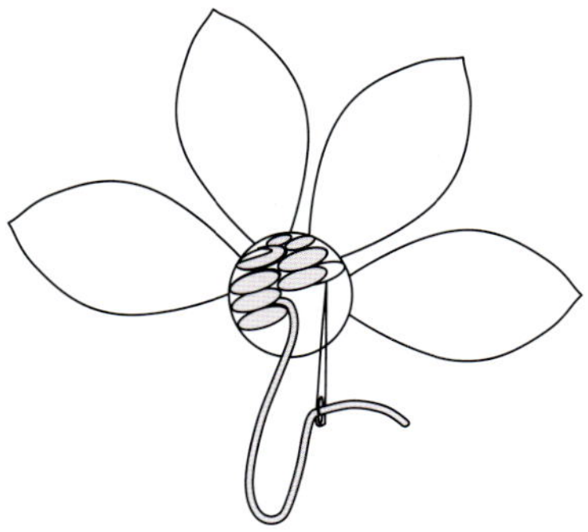

Point lancé

Inspiration marine

Dimensions

110 x 150 cm

33 x 46 cm

Fournitures

- Cotonnades en 1,40 m de large : 2,20 m Blanc, 1,52 m de 4 bleus différents
- Coton perlé n° 5, col. 3325
- Fil à coudre
- Molleton en plaque
- Molleton en vrac

Réalisation

Couette : pour le dessus, couper une bande de 29,5 x 152 cm dans chacun des 4 tissus. Piquer les bandes les unes au bout des autres par des piqûres endroit contre endroit à 1 cm des bords. Ouvrir les coutures au fer. Agrandir la silhouette de l'oiseau (p. 162-163) à main levée, découper dans le tissu blanc. Surfiler les bords. Coudre sur la couette.

Pour le dessous : couper un rectangle de cotonnade blanche de 112 x 152 cm. Piquer endroit contre endroit du dessus en laissant une ouverture. Retourner. Repasser. Glisser du molleton à l'intérieur. Fermer l'ouverture. Surpiquer chaque couture d'assemblage des bandes. Puis marquer les contours, l'aile et l'œil de l'oiseau à points avant de coton perlé à travers toutes les épaisseurs.

Pour chaque coussin : couper pour le dessus 3 bandes de 18 x 37 cm (ou jouer sur les largeurs). Piquer les 3 bandes comme pour la couette. Poser sur une épaisseur de molleton. Surpiquer les coutures, appliquer les motifs comme pour la couette.

Pour le dessous : couper 1 rectangle de 35 x 48 cm. Piquer endroit contre endroit du dessus à 1 cm en laissant une ouverture. Retourner. Remplir de bourrage. Fermer l'ouverture.

L'art de vivre à
L'ILE DE

Inspiration marine *(suite)*

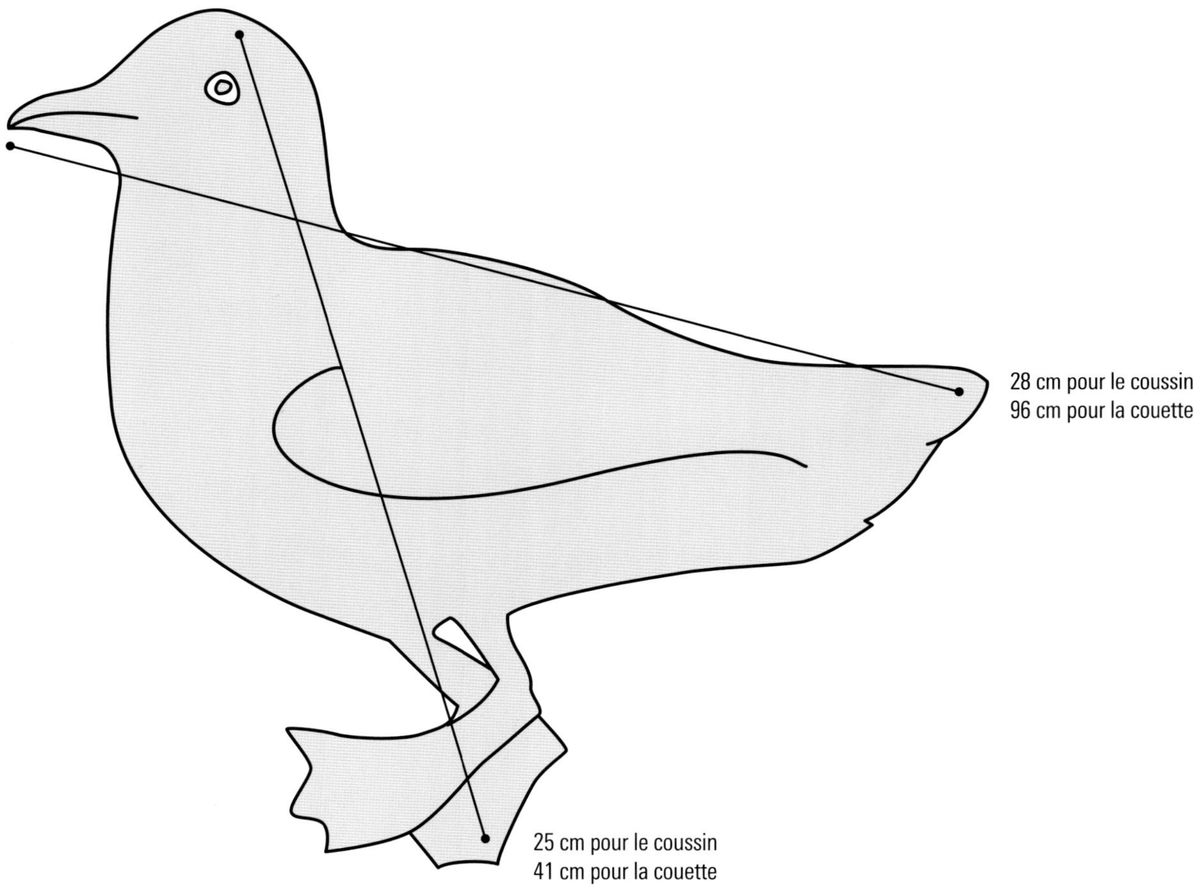

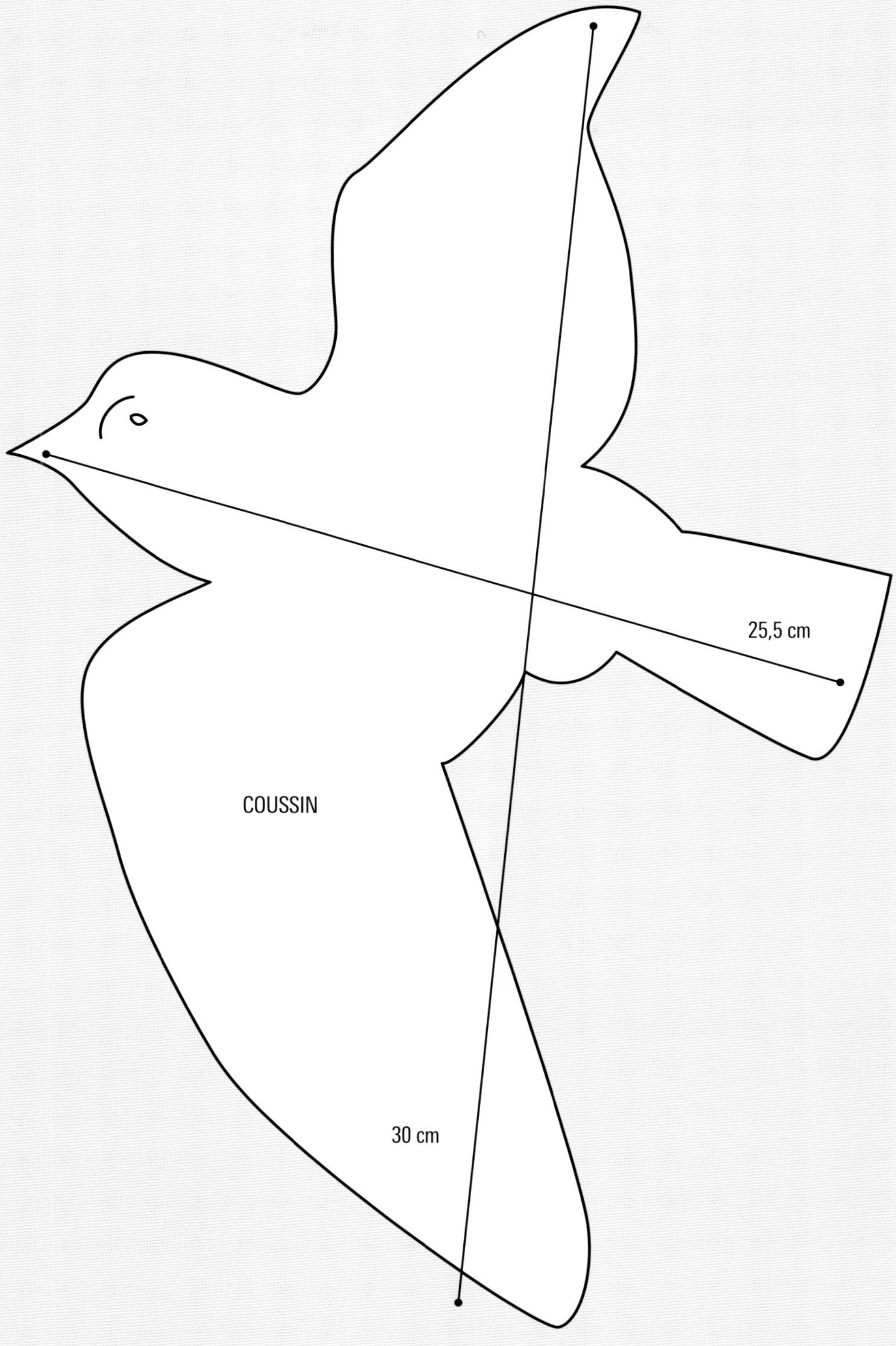
25,5 cm
COUSSIN
30 cm

Les rideaux

Je fais des rideaux

Les rideaux sont souvent le premier détail que l'on remarque dans une pièce. Ils donnent le ton.

Il y a des rideaux fantaisie, fins, et d'autres véritables pare-vue épais. Choisissez le tissu qui vous plaît. Ne prenez pas un tissu trop lourd. Pour les rideaux nécessitant de grandes mesures de tissus, il faudra vérifier la solidité des tringles à rideaux.

Choisissez de préférence des tissus vendus en très grande largeur. Cela vous évitera une couture disgracieuse au milieu.

- **Les nouvelles tringles** un peu design en métal ou les câbles suspendus ne supportent pas beaucoup de poids. Ce type de tringle est à privilégier pour les tissus légers comme les cotonnades, les lins légers ou les voilages. Mais elles ont l'avantage d'être moins conventionnelles.
- Après avoir choisi la tringle, **choisir le type d'accrochage,** toujours en adéquation avec le type de tissu. Tout est permis : traditionnels crochets avec de la ruflette et des anneaux, gros œillets, les petites pinces, des petits liens, etc.

Vous êtes libre de choisir, à condition d'adapter le poids du tissu.

- **Prendre les mesures des fenêtres.** Mesurer d'un côté à l'autre, en prenant en compte le cadre de la fenêtre. Compter 1,5 fois la largeur de la fenêtre x une hauteur + 10 cm.

Les ourlets de rideaux sont en général de grands ourlets plats.

L'accrochage traditionnel

- Acheter le tissu. Faire un ourlet de chaque côté en rabattant 1 cm puis 2 cm. Piquer sur toute la longueur.
- Rabattre un ourlet de 5 cm vers l'intérieur en haut. Poser la ruflette sur le bas du rabat. Piquer le haut et le bas sur toute la longueur. Ne pas piquer les petits côtés !

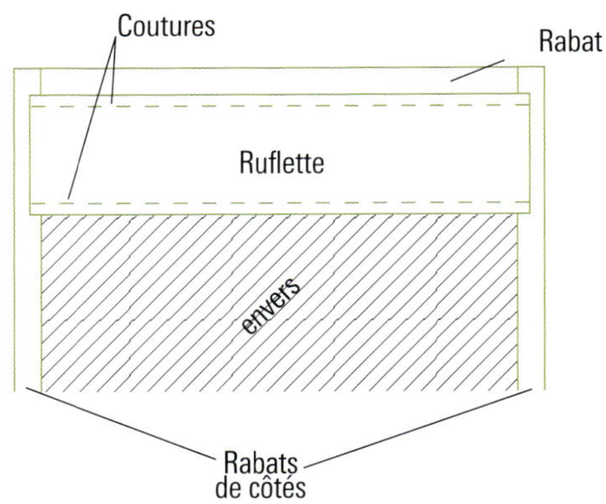

L'ourlet des rideaux est traditionnellement un ourlet plat :

- Rabattre 1 cm vers l'intérieur et repasser.
- Rabattre de nouveau 4 cm.

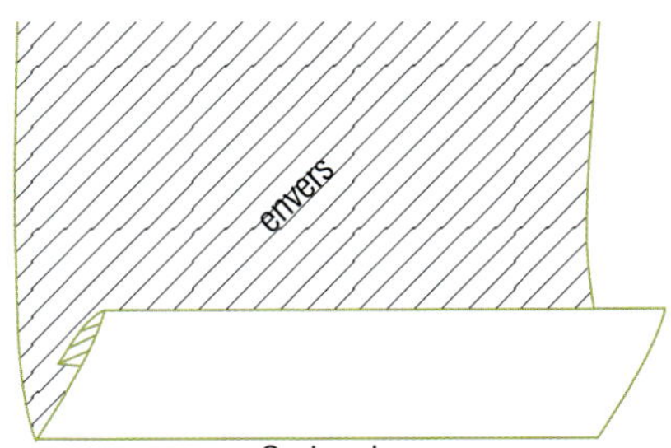

Ourlet plat

• Parfois les rideaux sont en tissus trop légers qui ne « tombent » pas bien. Ajouter dans ces cas-là un fil avec des petits plombs au bas du rideau.

• Si vous ajoutez une doublure, prendre les 2 épaisseurs ensemble dans la ruflette et les côtés. En revanche, faire 2 ourlets indépendants.

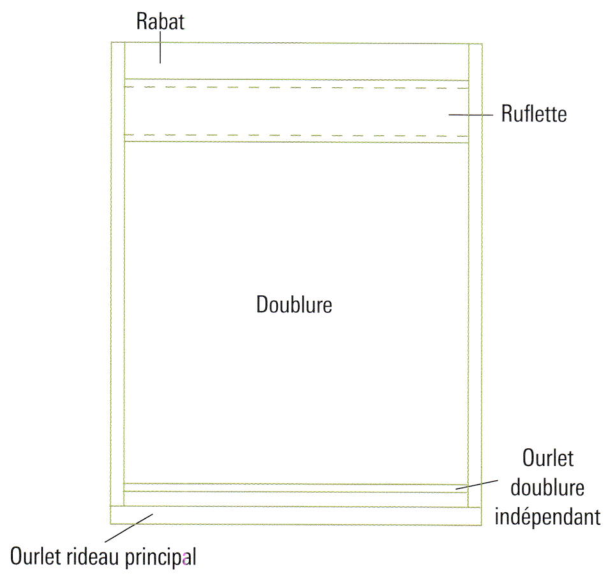

Si vous optez pour la fabrication de rideaux plus modernes : faire un ourlet plat en haut et en bas. Nouer ou coudre le système d'accrochage en haut.

Maintenant que vous maîtrisez la technique du rideau : amusez-vous : peignez les rideaux, appliquez des carrés de patchwork, transférez des photos…

Je sais coudre des embrasses de rideaux

Le terme « embrasse » est assez imagé et poétique. Il s'agit de décorations qui embrassent les rideaux pour les maintenir. Autrefois, les embrasses étaient des cordelettes de passementerie assez onéreuses.
On se souvient tous de ces cordelettes brillantes. Heureusement aujourd'hui un vent de nouveauté souffle !

Préparer la base des embrasses

- 2 rectangles de tissus assemblés
- Passer à la phase décoration

La mini-perceuse

Objet masculin par excellence, la perceuse ? Quelle erreur ! Savoir l'utiliser a changé ma vie de décoratrice de mon salon ! Je peux poser des étagères, des tringles à rideaux, etc. J'ai découvert il y a quelques années les miniperceuses de maquettes. Très peu chères, elles vous ouvrent des horizons de décoratrices.
Je perce tout ce que je trouve : un jouet collector de mon enfance ? Un petit trou, un crochet et voilà le porte-clé le plus personnel que j'ai.

- Pour les embrasses de rideaux, n'hésitez pas. Ramassez des coquillages et percez-les avec une petite perceuse à maquette. Vous pourrez les coudre.
Ramassez du bois flotté en vacances, percez-le !

- Tressez et jouez avec les matériaux. Les embrasses donnent du style, alors allez-y. Découpez ou déchirez les chutes de tissus, tressez-les. Ajoutez-y perles et pampilles et, pourquoi pas, des décorations de Noël ?

- C'est aussi le moment de réviser les concepts de base de l'origami. L'organdi, ce tissu de coton fin très amidonné peut donner l'illusion du papier. Pliez-le en lui donnant des formes, amidonnez-le avec une bombe et cousez sur les embrasses.

- L'amidon est complètement passé de mode, un peu à tort. Les tissus se travaillent, on peut leur donner des formes. Maintenez-les en repassant et en amidonnant et, au besoin, avec un petit point de couture.

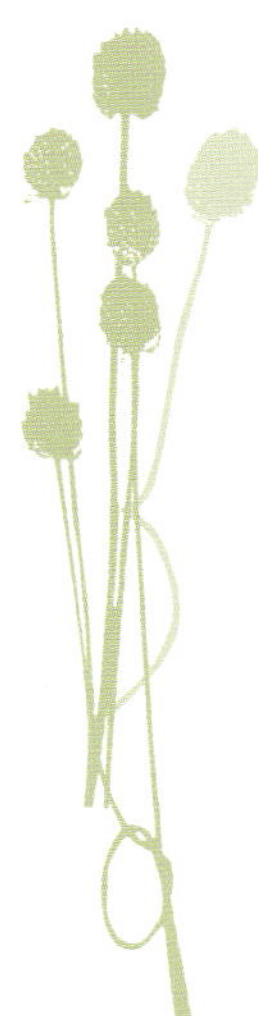

Point sur...
la récup'

La règle pour la chine est d'avoir un peu de patience. Connectez-vous sur Internet et cherchez les dates des vide-greniers des villes alentour. Faites aussi les brocantes et les antiquaires.

• Pour le linge ancien, les prix sont ne sont jamais très élevés. Ils sont assez stables. Plus le linge est brodé et plus la broderie est complexe, plus son prix sera élevé.

• Achetez du linge au gré de vos envies. Peu importe s'il est usé à certains endroits : vous allez les recouper.

• Pensez aux draps mais aussi aux mouchoirs. Parfois les plus chanceuses trouveront des marquoirs ou des tableaux brodés.

• Lavez et repassez le linge.

• Quitte à chiner, arrêtez-vous sur les boutons et les galons. Les boutons valent assez cher en mercerie. Il m'arrive souvent d'en acheter de petits stocks en vide-greniers.

• Faites de même pour les galons. Achetez des galons qui vous plaisent. Parfois ce sera une grosse bobine et parfois seulement 20 cm. Tout est possible. Lavez-les, repassez-les. S'ils sont en coton, vous pouvez les teindre.

Je conseille de couper les tissus ou galons seulement quand vous aurez choisi ce que vous allez en faire.

• Vous pouvez teindre le linge, en utilisant de la teinture machine.

• Vous pouvez rebroder le motif, surtout pour les chiffres au point lancé. Prenez du coton à 6 fils de bonne qualité. Un coton à 6 fils acheté à bas prix risque de déteindre. Ce serait dommage.

• Prenez une aiguille à broderie à bout pointu. Rebrodez le chiffre avec un seul fil.

• Utilisez une couleur contrastée ou du rouge foncé.

• Le linge ancien détourné est souvent retravaillé dans les tons rouge et écru pour rester assez près des tons traditionnels. Rien ne vous empêche d'adapter et de changer radicalement les couleurs. Pourquoi ne pas se diriger vers un camaïeu de rouge rose orangé, ou des couleurs années 1960 ?

N'oubliez jamais que créer et détourner doivent suivre vos envies et vos goûts.

Point sur...
poser des œillets

Les œillets sont 2 petits ronds en métal qui, emboîtés l'un dans l'autre, offrent une grande résistance.
Autrefois réservés aux sacs, matériel de camping ou de voile, les œillets voient progressivement leur apparition en ameublement. Ils sont bien pratiques quand on sait les poser !
Ils existent en plusieurs tailles.
Les plus petits se posent avec des pinces. Ils sont utilisés en décoration.

- **Préparez et cousez** des petits grigris, percez-les avec des petits œillets. Glissez des rubans de toutes les couleurs : vous aurez ainsi de très jolis porte-clés.
- **Alternez les œillets avec des rivets.** Autrefois conçus pour consolider des coutures et des systèmes d'accroche, aujourd'hui rivets et œillets se montrent en décoration.

- Les œillets de 2 cm de diamètre environ sont utilisés pour les sacs. Ils sont vendus en mercerie sous forme de kit. Déterminez l'emplacement voulu. Marquez l'emplacement au feutre à textile. Percez au préalable le tissu avec la pointe des ciseaux. Glissez les 2 parties de l'œillet dans le trou préparé. Vous devez forcer légèrement pour faire entrer l'œillet. Si le trou est trop grand, l'œillet ne tiendra pas. Le kit est souvent composé d'un petit support en métal. Installez-vous sur une surface plane. Le mieux étant un établi propre. Donnez un petit coup sec de marteau.

Suivez les instructions du fabricant, cela demande un petit coup de main.

- Si le tissu sur lequel vous voulez poser les œillets est très fin, pensez à doubler voire tripler l'épaisseur du tissu. L'œillet risque d'être plus solide que le tissu.

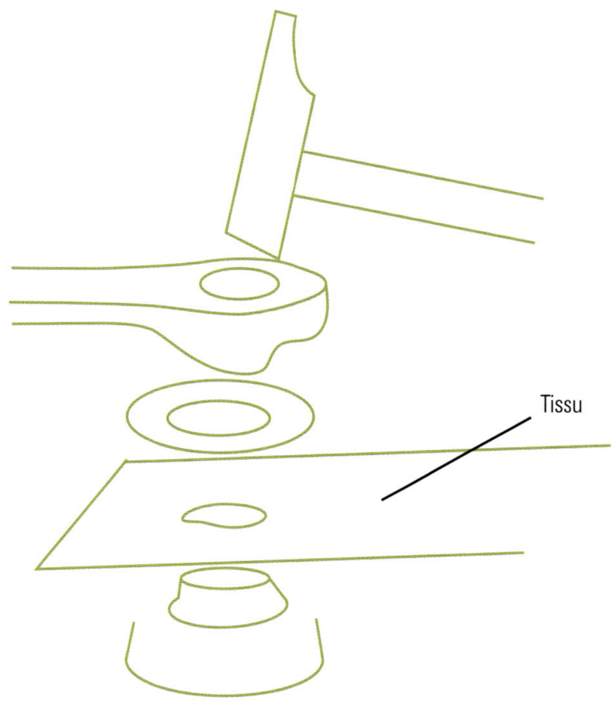

• Posés en haut d'un sac bourse, ils permettent le passage d'une cordelette qui coulissera facilement et fermera ainsi le sac.
Vous pouvez en poser sur des sacs besace de façon aléatoire sur le rabat.
Vous pouvez en poser aussi sur des vestes et profiter des trous pour glisser des rubans.
Personnellement, j'ai percé mes torchons de cuisine pour pouvoir les accrocher.

• Les plus gros œillets remplacent astucieusement les anneaux de rideaux. En métal, ils permettent aux rideaux de bien coulisser sur la tringle. Le problème est qu'il faut souvent louer une machine pour les poser. Certaines merceries proposent en service de les poser. N'hésitez pas !

• Vous pouvez aussi investir dans des bandes de tissu en coton épais, percées tous les 20 cm environ d'un œillet. Achetez une largeur de rideau dans ce ruban. Achetez un tissu de rideau en jouant avec les couleurs des tissus. Le problème de la pose n'est alors plus d'actualité.

Maxi semainier

Dimensions

Ouvrage terminé : L. 230 x h. 270 cm

Fournitures

- 350 cm de toile épaisse de couleur écrue en 240 cm de large
- 240 cm de bande de tissu garnie d'œillets en laiton, col. noir, dans laquelle on pourra insérer le tissu
- 80 cm de triplure thermocollante en 140 cm de large
- Fils à coudre écru et noir
- Crayon
- 2 feutres permanents pour textile à fixer au fer à repasser, col. noir
- Boîte à couture
- Machine à coudre

Réalisation

Pour adapter les mesures de la portière aux dimensions de votre porte, mesurer la hauteur sous plafond et la largeur de l'espace à masquer.

Largeur: la bande à œillets ondule sur la tringle à rideau, il convient donc d'ajouter une demi-largeur pour obtenir la largeur totale que doit avoir la portière terminée. Ajouter en plus 6 cm pour les rentrés des côtés.

Hauteur: compter la valeur de l'ourlet ajoutée à la mesure de la hauteur sous plafond de façon que la portière terminée touche par terre pour isoler des courants d'air passant sous la porte.

Entretien. Les tissus d'ameublement possèdent un apprêt qui leur donne de la tenue, aussi nous vous conseillons de laver le rideau le plus tard possible ou de le faire nettoyer à sec 1 ou 2 fois avant de le laver. Il existe des produits antitaches en bombe pour le textile, à vaporiser sur le tissu. Insistez particulièrement aux endroits où vous mettez les mains pour ouvrir et fermer le rideau afin de retarder cette échéance.

L'écriture

Agrandir à la taille voulue et décalquer les jours de la semaine (p. 177) sur la triplure thermocollante, avec un crayon, sur le côté blanc mat (le côté colle est légèrement brillant). Dessiner les contours au feutre textile et colorier l'intérieur des lettres. Décalquer de la même manière les mots « La » et « Semaine » en juxtaposant les feuilles de papier. Remplir les lettres avec du texte en recopiant un poème de votre choix. Découper le contour des lettres avec des ciseaux à broderie en laissant, si besoin, une petite languette de tissu entre les lettres du même mot afin de conserver leur espacement. Vous la couperez par la suite, en collant la triplure sur la toile. Presser le fer pendant 8 secondes : vous fixerez la couleur textile du même coup.

La Semaine
Lundi
Mercredi
Jeudi
Vendredi
Samedi

Maxi semainier *(suite)*

La couture

Couper pour la portière une longueur de 290 cm de toile écrue et, pour les poches, 1 bande de 35 cm de hauteur dans toute la largeur du tissu.

Puis, à l'aide du fer à repasser...

- Préparer un ourlet simple de 5 cm dans le haut de la bande des poches et piquer au point zigzag à 3 points afin de surfiler en même temps. Couper 7 poches de 28 cm de largeur et coller les jours de la semaine sous l'ourlet. Laisser refroidir avant de préparer des simples rentrés de 2 cm de chaque côté et dans le bas des poches.
- Préparer un rentré simple de 3 cm de chaque côté de la portière et piquer au point zigzag à 3 points.
- Préparer un double rentré de 3 cm, puis 20 cm pour l'ourlet du bas de la portière, épingler et effectuer au point droit 2 surpiqûres espacées d'une largeur de pied-de-biche.
- Positionner les poches et les bâtir. Piquer chaque poche au point droit et retirer les fils de bâti. La poche du haut étant la moins accessible, nous avons choisi d'y placer le dimanche, jour de repos pour la majorité, mais rien ne vous empêche de changer l'ordre selon vos besoins.
- Coller les mots « La Semaine » à côté de la poche du haut.
- Bâtir le haut de la portière sur la partie arrière de la bande à œillets, en faisant coïncider le milieu de la bande avec celui de la portière.
- Replier à chaque extrémité le surplus de la bande à œillets, vers l'intérieur, pour que cet ourlet se trouve dans le prolongement des côtés de la portière.
- Bâtir la partie avant de la bande et piquer au point droit avec le fil noir les 3 épaisseurs de tissus ensemble, à 1 cm du bord. Ôter les fils de bâti pour renforcer la couture, piquer au point zigzag à 3 points, entre le bord et la piqûre au point droit.

La Semaine

Lundi
Mardi
Mercredi
Jeudi
Vendredi
Samedi
Dimanche

La

Rendez-vous de savane

Fournitures

- Fausse fourrure, impression girafe
- Voile thermocollant double face
- Fil à coudre brun
- Boutons pour les yeux
- Coton à broder brun + 3 nuances de vert

Réalisation

Agrandir à la taille voulue et décalquer les silhouettes de girafe. Reproduire sur le papier du voile thermocollant. Découper. Poser le voile sur l'envers de la fausse fourrure, repasser, enlever le papier puis repasser en place sur le rideau. Attention, les girafes, au final, sont retournées ! Coudre le tour à petits points de fil. Coudre les boutons pour les yeux. Broder les queues au point de tige, fixer un petit plumet au bout. Broder quelques brins d'herbes vertes.

E
Michel Gay
ZOU à vélo
l'école des loisirs

Matière détournée

Fournitures

Pour une paire de rideaux:

- 4,60 m de tissu de lin en 180 cm de large à fines rayures blanches
- 1 bobine de coton à crochet rose
- 1 bobine de coton à crochet rouge
- 1 grosse aiguille pointue à large chas
- 380 cm de ruban rouge foncé de 2 cm de large
- 380 cm de ruban orange de 3 cm
- 1 bobine de fil bis
- Feutre à textile
- Colle à textile
- Machine à coudre
- Boîte à couture

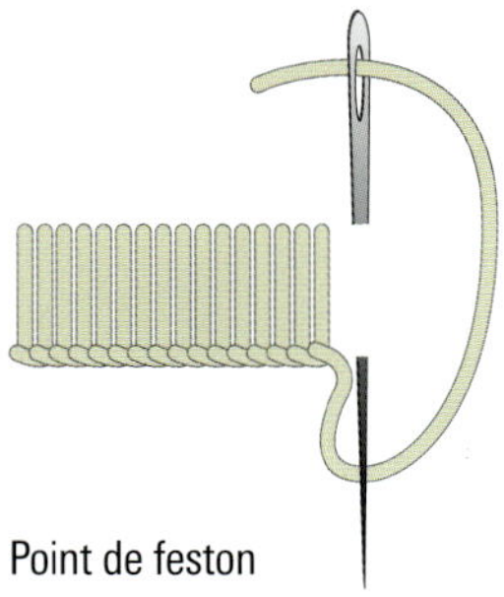

Point de feston

Réalisation

Mesurer les fenêtres et adapter le métrage du tissu si besoin.

Pour 1 rideau:

Couper 2,30 m de tissu.

Rabattre 1 cm puis 2 cm vers l'intérieur sur chaque grand côté. Piquer en une couture machine.

Rabattre 1 cm puis 15 cm vers l'intérieur sur 1 petit côté. Piquer l'ourlet à la machine en 1 couture.

Mesurer le diamètre de la tringle à rideau. Dessiner sur l'intérieur du rideau, au milieu de l'ourlet du haut, des cercles du diamètre de la tringle + 2. Évider les cercles dessinés. Broder les cercles au point de feston (voir schéma) avec du coton à broder. Ils serviront de passants pour glisser les rideaux dans la tringle.

Faire l'ourlet du bas:

Rabattre vers l'intérieur, en bas du tissu 2 cm puis 30 cm. Marquer le pli au fer. Piquer l'ourlet à la machine.

Cacher l'ourlet en collant ou cousant un ruban sur la couture. Coudre ou coller un deuxième ruban quelques centimètres au-dessus.

Broder des lignes au point avant au fil à crocheter rouge. Broder des croix roses sur la verticale du rideau en suivant les rayures du tissu.

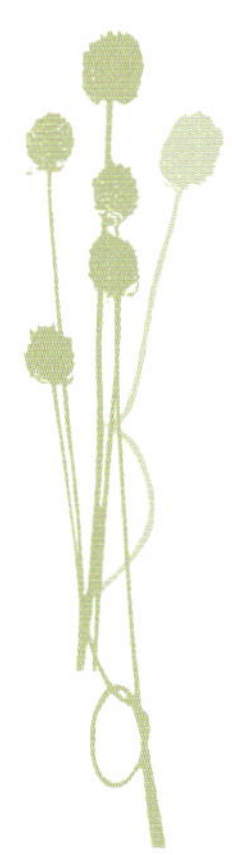

Drôle de jours

Dimensions

136 x 175 cm

Fournitures

- Popeline blanche en 150 cm de large : 2,50 m
- 53 boutons
- 9 à 13 poignets de chemises
- Fil à coudre
- Petites pinces avec anneaux

Réalisation

Couper les manches à environ 12 cm des poignets. Les mettre à plat. Surfiler le haut. Repasser. Les disposer les uns à côtés des autres, tête-bêche, pour obtenir une longueur de 170 cm. Les réunir à petits points (voir schéma).

Dans la popeline, couper : un rectangle de 118 x 168 cm pour le haut, un de 18 x 168 pour bas et deux de 8 x 150 cm pour les côtés. Sur le bas du grand panneau et le haut du petit, repasser, vers l'endroit, un rentré de 1 cm puis de 3 cm.

Poser en haut et en bas de la bande de poignets en croisant d'environ 2 cm. Surpiquer à 5 mm de chaque bord de l'ourlet. Repasser, vers l'envers, un rentré de 1 cm puis de 3 cm dans le haut et le bas du rideau. Piquer.

Repasser un rentré de 5 mm tout autour des bandes de côté. Les piquer endroit contre envers sur chaque hauteur du rideau. Retourner sur l'endroit. Surpiquer à 5 mm de chaque bord. Coudre les boutons sur les bandes verticales et les bandes de montage des poignets.

Accrocher des petites pinces avec anneaux sur le haut. Glisser les anneaux dans une tringle à rideaux fine.

Drôle de jours *(suite)*

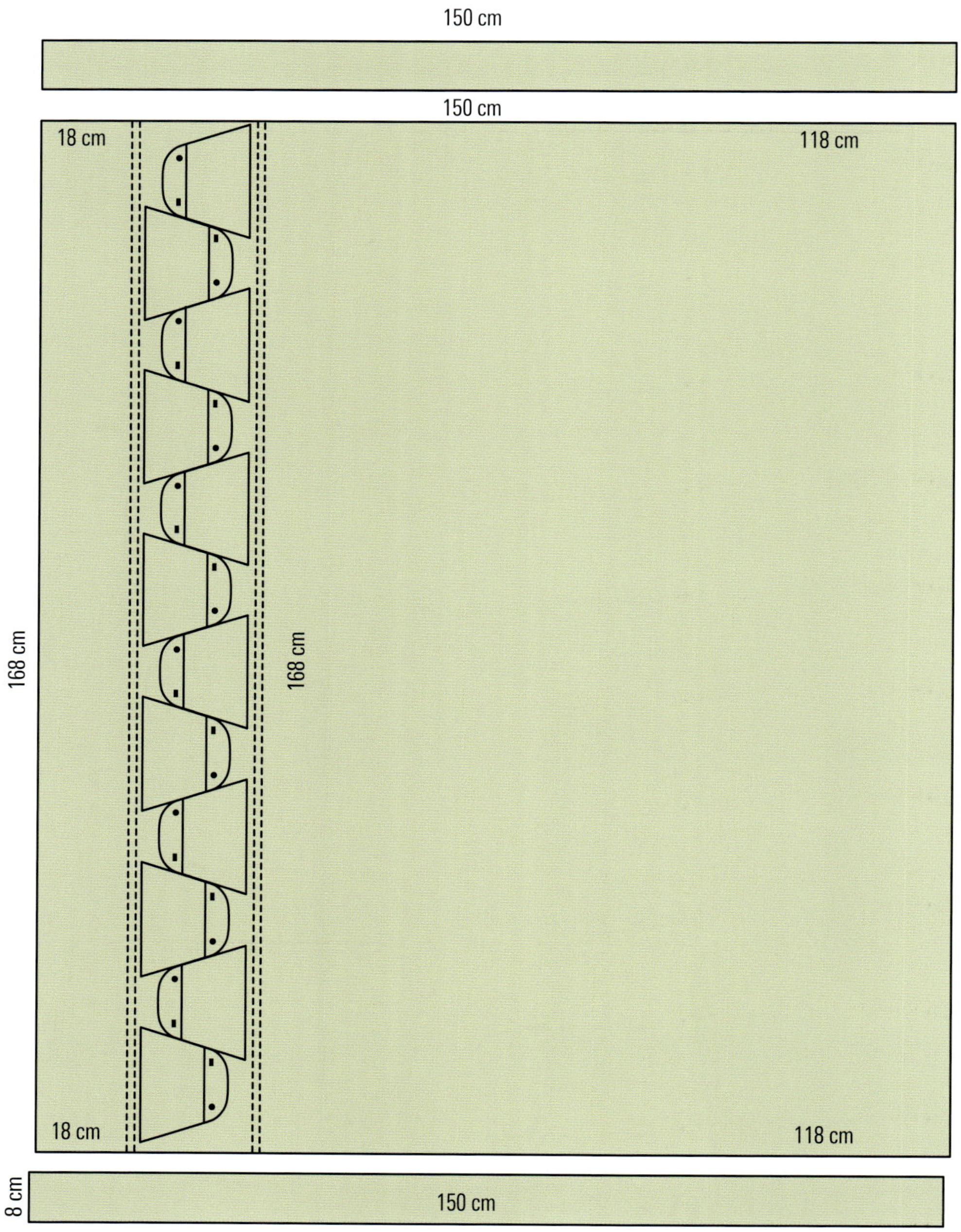

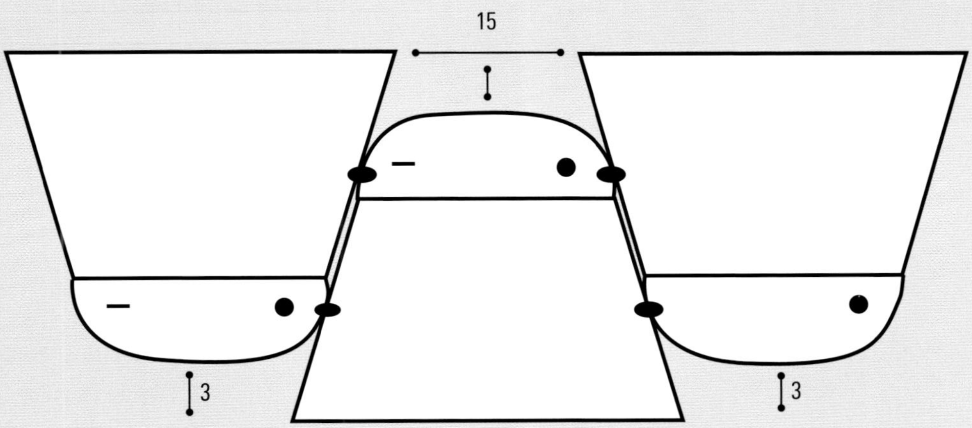
15
3
3

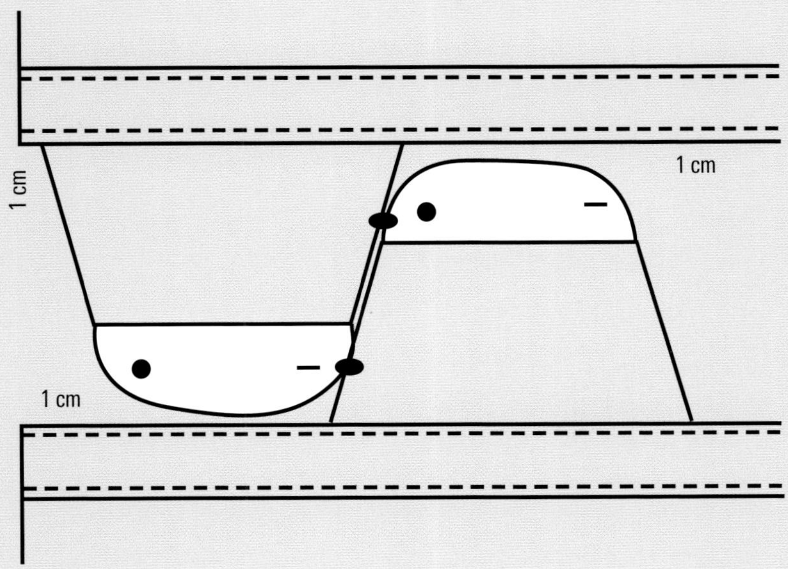
1 cm
1 cm
1 cm

Embrasse en lin

Dimensions

15 x 93 cm

Fournitures

Pour 1 embrasse :

- 1 m de lin brodé de branches de corail, 50 cm de lin naturel
- 1 m de ouatine thermocollante
- 1 gland ficelle
- 40 cm de tresse de lin

Réalisation

Choisir un joli tissu de lin à motifs. Préférer un motif en ligne. Couper dans le tissu 1 bande de lin de 18 x 96 cm en suivant le motif. Centrer le motif. Couper 1 bande de lin uni et de ouatine de 18 x 96 cm.

Thermocoller la ouatine sur le lin uni.

Piquer la bande brodée et la bande unie endroit contre endroit à 1,3 cm des bords en laissant une ouverture au milieu d'un côté. Cranter les angles. Retourner. Couper 2 morceaux de tresse de lin de 18 cm. À l'aide d'une grosse aiguille, passer les extrémités entre les points de couture des extrémités de l'embrasse. Les nouer à l'intérieur pour bloquer. Coudre le gland au milieu. Fermer l'ouverture à la main.

Plume

Fournitures

1 boa de plumes blanches • Fil blanc • Aiguille • 1 paire de ciseaux • 2 petits anneaux de plastique blancs • 30 cm de ruban de satin blanc de 3 cm de large

Réalisation

Passer le boa autour du rideau. Couper le boa : il doit laisser un peu d'ampleur au rideau. Coudre à chaque extrémité du boa un anneau blanc. Passer le ruban de satin dans les anneaux et le nouer.

Fil de fer

Fournitures

Fil de fer souple recuit • Pince coupante • Pince à bout rond • Ruban large

Réalisation

Confectionner 3 boules de tailles croissantes en enroulant le fil de fer sur lui-même. Accrocher les boules les unes aux autres par de petits S de fil de fer en plaçant la plus petite en bas. Glisser le ruban sous un brin de la plus grosse boule et le nouer autour du rideau.

Organdi

Fournitures

- 1 bande d'organdi de 11 x 176 cm
- 4 boutons
- 180 cm de ruban de mousseline de 4 cm de large
- 5,5 x 176 cm de fine toile thermocollante

Réalisation

Appliquer la toile thermocollante sur la moitié de la bande d'organdi. Plier un rentré de 0,5 cm tout autour. Plier envers contre envers. Piquer tout le tour. Plier la bande à 26 cm d'une extrémité, piquer à 8 cm du pli. Faire 3 autres plis espacés de 28 cm en piquant à chaque fois à 8 cm du pli (1). Écraser chaque pli contre la piqûre puis relever le bas du pli vers le haut de l'embrasse pour former un carré (2). Repasser. Maintenir en cousant un bouton. Plier les extrémités de l'embrasse en pointe. Couper le ruban en deux. Plier chaque partie en deux. Glisser dans la pointe des extrémités avant de les fermer.

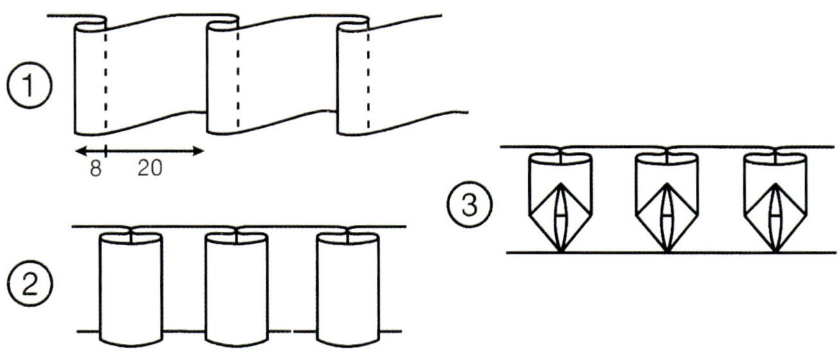

Quelques bonnes adresses de mercerie

www.alittlemercerie.com
www.bouillon-de-couture.fr
www.direct-mercerie.com
www.dmc.fr
www.entreedesfournisseurs.fr
www.kiosqueaidees.com
www.ladroguerie.com
www.mapetitemercerie.com
www.merceriedeparis.com
www.moline-mercerie.com
www.rascol.com
www.sajou.fr

Quelques bonnes adresses pour acheter du tissu

www.annakabazaar.com
www.citronille.fr
www.etoffe.com
www.lestrouvaillesdamandine.com/boutique
www.marchesaintpierre.com
www.motifs-et-cie.com
www.tissus-reine.com
www.toiles-de-mayenne.com
www.mondialtissus.com
www.maison-ursule.fr
www.tissus-moline.fr
www.tissus-reine.com
www.eurodif.com

Mode
Parisienne
La Carte
Made in France
Qualité supérieure
Qualité supérieure
Broche Fleurs
Fournitures :
- 3 coupons de tissu de 13x15 cm
- fils assortis
- 2 boutons

Crédits

PHOTOGRAPHIES
Francis Amiand (p. 55, 81) ; Sylvie Becquet (p. 89, 118 haut, 118 bas, 189) ; fabrice Besse (p. 59, 149) ; Gilles de Cahbaneix (p. 153, 183) ; Édouard Chauvin (p. 61) ; Sophie Choussy (p. 105, 144, 157) ; Philipp. Costes (p. 14) ; Matthieu Csech (p. 19, 24 haut, 24 bas) ; Juliette d'Assay (p. 91) ; Patrice Degandry (p. 159) ; Thomas Dhellemes (p. 51, 77, 168) ; Christophe Dugied (p. 101, 115, 127) ; Dominique Farantos (p. 175) ; Didier Gaillard (p. 17) ; Louis Gaillard (p. 17, 27, 39, 57, 85, 118, 123, 133, 137, 151, 187) ; Jérôme Galland / Alep. (p. 67, 68) ; Alain Gelberger (p. 117) ; Sylvie Lancrenon (p. 35, 43, 73) ; Vincent Leroux (p. 167) ; Frédéric Lucano (p. 129, 141) ; Marie-Pierre Morel (p. 45, 47) ; Pierre Nicou (p. 12) ; Jean-Baptiste Pellerin (p. 8, 11, 33, 95, 146, 161, 171, 173, 181) ; Lars Ranek (p. 29, 97, 109, 113, 135) ; Laurent Rouvrais (p. 103) ; Sophie Tramier (p. 179) ; Frédéric Vasseur (p. 31) ; Yutaka Yamamoto (p. 165).

CRÉATION
Marie Andrée (p. 33), Marie-France Annasse (p. 129, 161) ; Atelier du petit cerf (p. 45) ; Simone Bendix (p. 29, 97, 109, 113, 135) ; Monique Bonin (p. 73) ; Céleste Bouchayer (p. 27) ; Blandine Boyer (p. 153, 183) ; sabine Cano (p. 51) ; Catherine Charapoff (p. 157) ; Alix Chatillon (p. 77, 118) ; Pascale Chombart de Lauwe (p. 83) ; Catherine Coget (p. 137) ; Corinne Crasbercu (p. 133, 187) ; Céline Dupuy (p. 39, 61, 151, 159) ; Christi Exelmans (p. 57, 149, 179) ; Irène Lassus et Marianne Voituriez (p. 115) ; Hélène Le Berre (p. 31, 47) ; Claire Martin (p. 144) ; Élodie Piveteau (p. 171) ; Isabelle Schwartz (p. 59) ; Charline Segala (p. 43) ; Camille Soulayrol (p. 101) ; Marion Taslé (p. 91) ; Charlotte Vannier (p. 168) ; Anne Ventura (p. 173, 181) ; Stéphanie Verdun (p. 127) ; Véronique Villaret (p. 128 bas) ; Nancy Waille (p. 146) ; Laurence Wichegrod (p. 35) ; Karine Wolff (p. 11, 123).

STYLISME
Catherine Ardouin (p. 167) ; Marion Bayle (p. 14, 67, 68, 165) ; Simone Bendix (p. 29, 97, 109, 113, 135) ; Ève-Marie Briolat (p. 39, 61, 115, 151) ; Catherine Chabaneix (p. 31, 45, 47, 146, 153, 183) ; Pascale Chastres (p. 77) ; Alix Chatillon (p. 17) ; Pascale Chombart de Lauwe (p. 73, 83, 85, 118 haut et bas) ; Sophie Choussy (p. 103, 105, 144, 157) ; Corinne Crasbercu (p. 133, 187) ; Christi Exelmans (p. 57, 149, 179) ; Marie-Paule Faure (p. 127, 189) ; Caroline Lancrenon (p. 35, 43) ; Vania Leroy (p. 24 haut et bas, 27, 59, 91, 118, 129) ; Camille Soulayrol (p. 8, 33, 95, 101, 123, 159, 161, 168, 171) ; Maïté Thiebault-Morelle (p. 137) ; Dominique Turbé (p. 11) ; Anne Ventura (p. 173, 181) ; Véronique Villaret (p. 51).

Direction d'édition : Thierry Lamarre
Responsable d'édition : Adeline Lobut
Assistante d'édition : Marie Lecocq
Correction-révision : Isabelle Misery
Textes techniques : Clémentine Lubin
Conception graphique, mise en pages et couverture : Either studio
Recherche iconographique : Claire Moriot

Éditions MARIE CLAIRE
Publiées par Société d'Information et de Créations - SIC
Une société de Marie Claire Album
10, bd des Frères-Voisin 92792 Issy-Les-Moulineaux CEDEX 9 France
Tél. 01 41 46 88 88
RCS Nanterre 302 114 509
SARL au capital de 3.822.000 euros
© 2013, Éditions Marie Claire - Société d'Information et de Créations - SIC

ISBN : 978-2-84831-534-8 - N° Éditeur : 38369
Imprimé par Printer Trento (Italie)
Dépôt légal : avril 2013 - Réimpression 2014

www.editionsmarieclaire.com